JONAS BEER

EUROPÄISCHER
KLIMA
PLAN

FBV

Mit konkreten Lösungen
zurück ins Gleichgewicht

Bibliografische Information der Deutschen Nationalbibliothek
Die Deutsche Nationalbibliothek verzeichnet diese Publikation in der Deutschen Nationalbibliografie. Detaillierte bibliografische Daten sind im Internet über http://dnb.d-nb.de abrufbar.

Für Fragen und Anregungen
info@finanzbuchverlag.de

Wichtiger Hinweis
Ausschließlich zum Zweck der besseren Lesbarkeit wurde auf eine genderspezifische Schreibweise sowie eine Mehrfachbezeichnung verzichtet. Alle personenbezogenen Bezeichnungen sind somit geschlechtsneutral zu verstehen.

Originalausgabe
1. Auflage 2022
© 2022 by Finanzbuch Verlag, ein Imprint der Münchner Verlagsgruppe GmbH
Türkenstraße 89
80799 München
Tel.: 089 651285-0
Fax: 089 652096

Redaktion: Ulrike Kroneck
Korrektorat: Silvia Kinkel
Umschlaggestaltung: Marc-Torben Fischer
Umschlagabbildung: Shutterstock.com/DOERS
Satz: Satzwerk Huber, Germering
Druck: CPI books GmbH, Leck
Printed in EU

ISBN Print 978-3-95972-627-6
ISBN E-Book (PDF) 978-3-98609-189-7
ISBN E-Book (EPUB, Mobi) 978-3-98609-190-3

Weitere Informationen zum Verlag finden Sie unter

www.finanzbuchverlag.de

Beachten Sie auch unsere weiteren Verlage unter www.m-vg.de

INHALT

»Dringlichkeit + Optimismus = Handlung«

PRINZ WILLIAM[1]

EINLEITUNG

Die Menschheit steht zurzeit vor zwei großen Herausforderungen. Die eine ist der Klimawandel, die andere der Verlust der Biodiversität. Um den Temperaturanstieg zu beenden, benötigen wir ein nie dagewesenes Maß an Wandel in fast allen Bereichen unseres Lebens. Es verändert, wie Bill Gates es zusammenfasste, wie wir Strom produzieren, wie wir bauen, wie wir essen, wie wir heizen und wie wir uns fortbewegen.[2] Es geht darum, Verantwortung für unseren Lebensstil zu übernehmen und unsere Lebensgrundlage zu schützen. In diesem Buch soll es speziell um die europäische Verantwortung gehen. Wir Europäer haben das fossile Zeitalter eingeleitet und haben deshalb eine besondere historische Verantwortung dafür, es zu beenden. Doch wie können wir die Erde beschützen?

Stell dir vor, es gäbe zwei Erden und zwischen diesen beiden Erden eine Schlucht. Über diese Schlucht führt eine Zuglinie. Die Erde auf der linken Seite fängt langsam Feuer und heizt sich immer weiter auf. Stück für Stück müssen die Bewohner über die Eisenbahnbrücke auf die andere Seite gelangen. Kein Bewohner kann für immer auf der linken Erde bleiben. Auf der anderen Seite wartet eine Erde im Gleichgewicht. Stell dir nun vor, du wärest dafür verantwortlich, diese Brücke zu bauen. Du willst deine Lieben, deine Mitmenschen und dich auf die andere Seite bringen. Wie wirst du die Brücke bauen? Wie stellst du sicher, dass die Brücke hält und die ganze Menschheit über die Brücke fahren kann? Wie gehst du damit um, dass du nur eine einzige Chance hast, die Brücke richtig zu bauen?

In diesem Buch soll es zuerst um die Ursachen dafür gehen, warum die Erde brennt, um die Ursachen für den Klimawandel und den Verlust der Biodiversität. Als Nächstes folgt die aktuelle Bestandsaufnahme. Dann geht es um konkrete Wege zur Lösung der Probleme. Der Weg, den Klimawandel zu bewältigen, führt über die richtige Bepreisung der Treibhausgase und die Grenzen, die wir Menschen setzen müssen. Um den Verlust der Biodiversität zu stoppen, brauchen wir vor allem eines: Platz. Mehr Platz für die Natur. Zuerst geht es um den von mir neu entwickelten »Lebenserhaltungshandel«, der den Konsum auf ressourcensparende Lebensmittel lenken soll. Anschließend geht es um Anbauarten, die großen Ressourcenersparnisse versprechen. Danach behandelt ein Kapitel die Änderung der Betrachtungsweisen. Ziel ist es, hinderliche gesellschaftliche Strukturen in förderliche zu verwandeln. Bei dieser Betrachtung bleibt auch das Hinterfragen des Wachstumsparadigmas nicht aus. Ungesundes Wachstum kann die Erde aus dem Gleichgewicht bringen. Einen generellen Wachstumsstopp braucht es aber nicht. Wichtiger ist es, zwischen materiellem und immateriellem Wachstum zu unterscheiden. Absolute Grenzen können dabei helfen, Rebound-Effekte zu vermeiden. Danach geht es um Entscheidungswerkzeuge, die dabei helfen, bessere Entscheidungen zu treffen. Zum Schluss wird beleuchtet, was jeder von uns tun kann.

I.
KLIMAWANDEL

Warum erwärmt sich die Erde und wieso dürfen wir keine Treibhausgase mehr emittieren? Bis Mitte des 18. Jahrhunderts war der Kohlenstoffkreislauf auf der Erde im Gleichgewicht.

Global atmospheric CO_2 concentration

Atmospheric carbon dioxide (CO_2) concentration is measured in parts per million (ppm). Long-term trends in CO_2 concentrations can be measured at high-resolution using preserved air samples from ice cores.

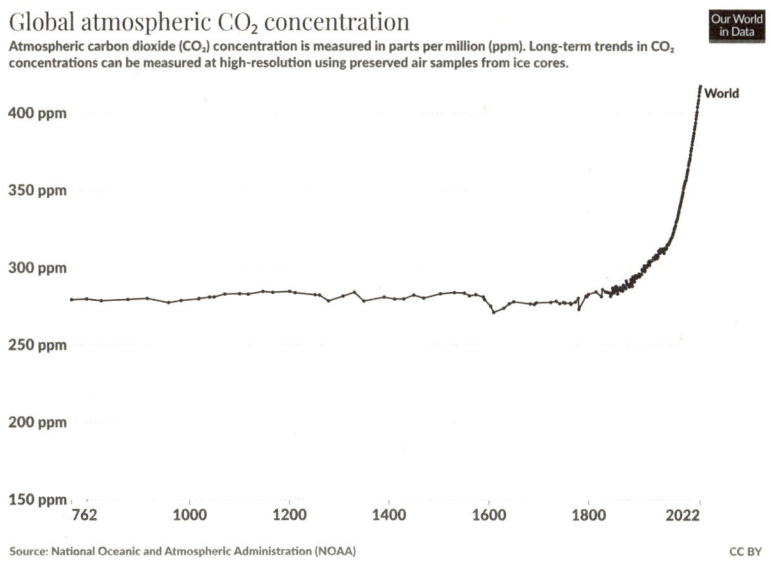

Source: National Oceanic and Atmospheric Administration (NOAA)

Die Konzentration von CO_2 in der Atmosphäre lag 1750 bei circa 280 Teilen pro Million (ppm). Heute liegt sie bei über 400 ppm. Die Kohlenstoffemissionen entsprachen in etwa dem, was Pflanzen und andere organische Stoffe absorbiert haben. Dann haben Menschen begonnen, CO_2 durch die Verbrennung von fossilen Brennstoffen auszustoßen. Dieses CO_2 wurde durch abgestorbene Pflanzen und durch den Druck verschiedener Erdschichten in Öl, Kohle und Gas umgewandelt. Laut Bill Gates füllen wir seitdem jedes Jahr unsere Badewanne mit mehr CO_2e[4].

DEFINITION CO_2E

CO_2e ist eine Maßeinheit zur Vereinheitlichung der Klimawirkung der unterschiedlichen Treibhausgase. Durch diese CO2-Äquivalenz kann man die Treibhausgase besser vergleichen und auf eine Kennzahl reduzieren.

Das steigende Wasser in der Badewanne führt zu einem Temperaturanstieg. CO_2e fängt Energie der Lichtwellen ein und sorgt dafür, dass die Energie in Form von Wärme lange auf unserer Erde bleibt. Mit lange ist *sehr lange* gemeint, das heißt, dass beispielsweise 20 Prozent der CO_2-Emissionen in 10.000 Jahren immer noch auf der Erde sein werden.

Aber wie fängt CO_2e Wärme ein? Moleküle bewegen sich, und die Temperatur gibt an, wie schnell sie sich bewegen. Wenn nun bestimmte Moleküle wie CO_2 von Einstrahlung bestimmter Wellenlänge getroffen werden, nehmen sie die Energie auf und bewegen sich schneller. Das heißt, dass die Temperatur ansteigt. Andere Gase wie zum Beispiel Sauerstoff lassen diese Strahlung durch, und Energie kann wieder in die Atmosphäre entweichen. Durch Treibhausgase entweicht weniger Energie zurück in den Weltraum und es bleibt mehr Energie auf der Erde. Folglich heizt sich unsere Atmosphäre auf.

Ein Teil der Treibhausgase hilft uns, dass unsere Erde nicht zu kalt ist. Zu viele Treibhausgase sorgen dafür, dass sich unsere Erde aufheizt.[5]

Der Temperaturanstieg führt aktuell zu irreversiblen Schäden auf unserer Erde. Deshalb ist es wichtig, so schnell wie möglich, um ein Bild zu benutzen, den Wasserhahn zuzudrehen[6] und zusätzlich Wasser aus der Badewanne durch CO_2-Speichermethoden zu entnehmen.

Global warming: monthly temperature anomaly

The combined land-surface air and sea-surface water temperature anomaly is given as the deviation from the 1951–1980 mean.

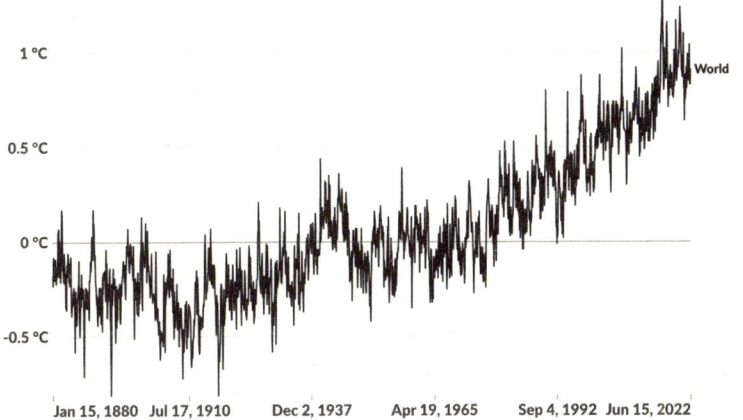

Source: National Aeronautics and Space Administration (NASA), Goddard Institute for Space Studies (GISS)

CC BY

Annual CO₂ emissions

Carbon dioxide (CO₂) emissions from fossil fuels and industry. Land use change is not included.

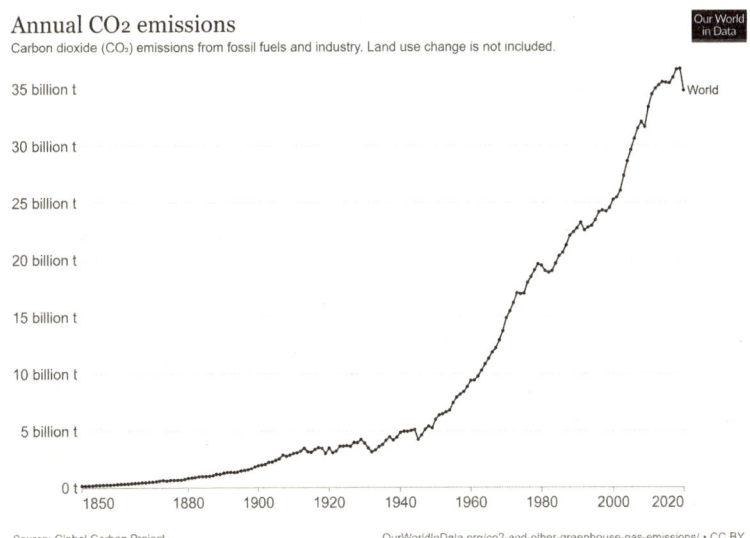

Source: Global Carbon Project

OurWorldInData.org/co2-and-other-greenhouse-gas-emissions/ • CC BY

Die aktuelle Wasserflussmenge, die pro Jahr durch den Hahn fließt, entspricht in etwa 35 Milliarden Tonnen CO_2 und 50 Milliarden Tonnen CO_2e. Das Gleichgewicht aus einströmendem Wasser und abfließenden Wasser nennen wir Nettonull-Treibhausgasemissionen. Wenn also die Menge des Wassers in der Badewanne[7] konstant bleibt, sprechen wir von Nettonull-Emissionen.

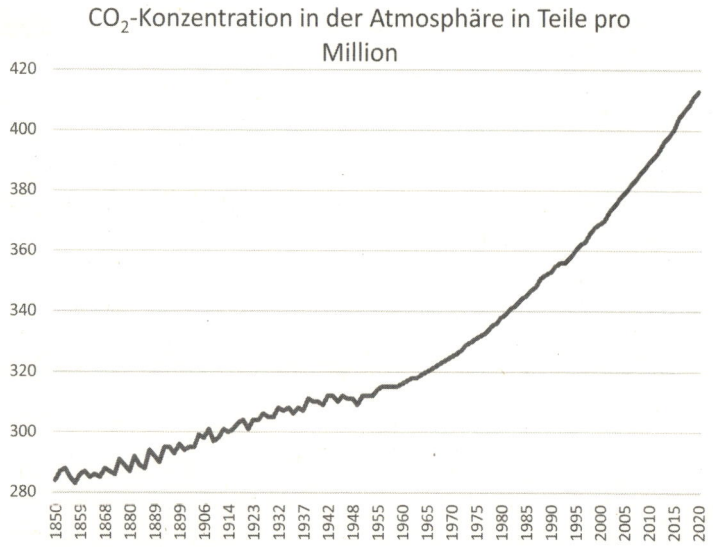

CO_2-Konzentration in der Atmosphäre in Teile pro Million

Wie bereits in der Einleitung erwähnt, soll es in diesem Buch speziell um die europäische Verantwortung für das Klima gehen. Das fossile Zeitalter wurde mit der Erfindung der Dampfmaschine durch James Watt eingeleitet. Es war der Ausganspunkt der Industrialisierung. Deshalb haben wir in Europa auch eine besondere Verantwortung, das fossile Zeitalter zu beenden. Für eine CO_2e-neutrale Zukunft ist gerade die Frage von CO_2e-armer Energieherstellung entscheidend. Dabei bedeutet CO_2-neutral, dass genauso viel CO_2e ausgestoßen wie gespeichert wird.

Zur Erinnerung: CO_2e fasst Treibhausgase auf ein Maß, die CO_2-Äquivalenz, zusammen. Dadurch kann man die Treibhausgase besser vergleichen und auf eine Kennzahl reduzieren.

Wie steht es um die Treibhausgasemissionen in der EU? Entscheidend ist, wie viel CO_2e wir in Europa ausstoßen. Die Emissionen der EU-28 im Überblick: [8]

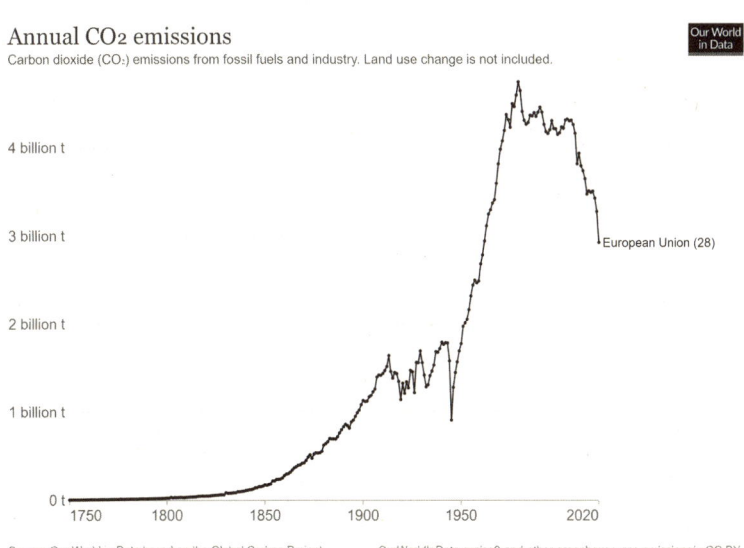

Annual CO2 emissions
Carbon dioxide (CO₂) emissions from fossil fuels and industry. Land use change is not included.

Source: Our World in Data based on the Global Carbon Project   OurWorldInData.org/co2-and-other-greenhouse-gas-emissions/ • CC BY

Wir stoßen in der EU aktuell pro Jahr in etwa 3 Milliarden Tonnen CO_2 aus. Berücksichtigt man, wie das Umweltbundesamt, auch die anderen Treibhausgase, so stoßen wir circa 3,6 Milliarden Tonnen CO_2e aus.[9] Die Reduktion der CO_2-Menge in der EU ist ein positiver Anfang, aber noch nicht genug. Letztlich kommt es auf die im Zeitverlauf ausgestoßene Gesamtmenge von CO_2 an. Global gesehen haben wir laut IPCC **(Intergovernmental Panel of Climate Change)** noch circa 400 Milliarden Tonnen CO_2 übrig, um mit

67 Prozent Wahrscheinlichkeit nicht über 1,5 Grad Erderwärmung zu kommen.

Globales CO$_2$-Budget laut dem 6. IPCC-Bericht ab 2020[10]

Warming	Remaining carbon budgets			Scenario variation	Geophysical uncertainties			
Probabilities:	50 %	67 %	83 %	Non-CO$_2$ scenario variation	Non-CO$_2$ forcing and response uncertainty	Historical temperature uncertainty	ZEC uncertainty	Recent emissions uncertainty
[°C]	[GtCO$_2$ from 2020 on]			[GtCO$_2$]				
1.5	500	400	300	±220	±220	±550	±420	±20
1.6	650	550	400					
1.7	850	700	550					
1.8	1000	850	650					

Für die EU-28 bleibt damit ein Restbudget zwischen 37–50 Milliarden Tonnen CO$_2$. Dies ist unsere »Schuldenobergrenze«. Nur wenn man weniger ausgibt, als man einnimmt, kann man Schulden abbauen. Gleiches gilt für den CO$_2$-Ausstoß. Nur die schnelle Reduktion des CO$_2$-Ausstoßes unter die Rate der CO$_2$-Speicherung ermöglicht die CO$_2$-Neutralität bis 2050. Das Einhalten des Restbudgets verhindert dabei die »Überschuldung« gegenüber der Natur. Ist die Reduktion zu langsam, »überschulden« wir uns mit CO$_2$ und es kommt zu irreversiblen Klima-Kipppunkten. Aber weshalb ist es wichtig, gerade 1,5 Grad Erderwärmung einzuhalten?

Vereinfacht gesagt, beschleunigen sich die Schäden, die die Natur nimmt, mit ansteigenden Temperaturen. Ökosysteme können Kipppunkte erreichen und die Schäden nehmen nicht-linear zu, wenn diese überschritten sind. Zudem kann sich die Erderwärmung schnell beschleunigen, wenn zum Beispiel die Permafrostböden auftauen und Methan entweicht. Diese Böden tauen ab einer gewissen Temperaturgrenze auf. Deshalb ist es so wichtig, die Klimaziele einzuhalten. Ähnliches gilt für die Polarkappen. Je höher die Temperatur, desto schneller schmelzen die Polarkappen. Die Polarkappen reflektieren durch die weiße Oberfläche Licht zurück ins Weltall. Sie schützen die Erde vor Überhitzung. Verschwinden sie, verschwindet der Schutz.

ZUSAMMENFASSUNG

Die Erde erwärmt sich seit Beginn der Industrialisierung. Der Klimawandel ist menschengemacht und wir Europäer tragen eine besondere Verantwortung für die Erde, da wir das fossile Zeitalter eingeleitet haben. Die entscheidende Messgröße für den Treibhausgasausstoß sind die CO_2-Äquivalente (CO_2e). Sie rechnen alle Treibhausgasemissionen in CO_2 um. Die EU stößt aktuell circa 3,6 Milliarden Tonnen CO_2e aus. Um die Pariser Klimaziele einzuhalten, darf die EU nicht mehr als circa 45 Tonnen CO_2e ausstoßen. Eine Überschreitung wäre verheerend, weil die Schäden mit jedem weiteren Temperaturanstieg nicht-linear zunehmen. Das heißt, jeder weitere 0,1 Grad Temperaturanstieg erhöht den Schaden um mehr als das vorherige. Außerdem sind viele Schäden unumkehrbar.

2.
DER NIEDERGANG DER BIODIVERSITÄT

WAS BEDEUTET EIGENTLICH BIODIVERSITÄT?

Jeder Einzelne von uns ist Teil der Biodiversität. Dies wird noch zu wenig wertgeschätzt. Unser kollektives Handeln sorgt für den Rückgang der Biodiversität. Neben dem Klimawandel ist der Verlust der Biodiversität die zweite große, selbst geschaffene Herausforderung für die Menschheit. Es geht darum, den Rückgang der Lebensvielfalt zu stoppen, um unsere Lebensgrundlage zu erhalten.

Aber was bedeutet eigentlich Biodiversität? Der Begriff Biodiversität ist die Kurzform von »biological diversity«, was so viel heißt wie *Lebensvielfalt*. Es geht um die wundervolle Vielfalt des Lebens auf der Erde. Diese Vielfalt hat drei Ebenen. Die Ebene der genetischen Vielfalt, die Artenvielfalt und die Vielfalt der Ökosysteme.

Die Biodiversität sichert das Leben auf mehreren Ebenen. Die genetische Vielfalt versichert das Überleben einer Art. Sie ermöglicht es, sich an neue Umweltbedingungen anzupassen. Die genetische Vielfalt einer Art sichert dabei das Überleben der einzelnen Art gegenüber Umweltveränderungen ab. Wird nun der Lebensraum eines Lebewesens stark eingeschränkt, so kann ein erheblicher Teil der genetischen Vielfalt verloren gehen. Dies kann in Extremfällen dazu führen, dass es zwar noch Tiere einer Art gibt, diesen aber das Aussterben droht, weil ihr Genpool mittlerweile zu wenige Variationen besitzt. Starke Populationsverluste können daher zu irreversiblen Schäden führen.

Neben der genetischen Vielfalt gibt es auch die Ebene der Artenvielfalt. Von Gänseblümchen bis Elefanten hat unsere Erde eine unfassbare Artenvielfalt. Diese Artenvielfalt ist sogar so außerordentlich, dass immer noch nicht alle Arten beschrieben wurden. Lebewesen konkurrieren laut Darwin um Nahrung und sie existieren erst nebeneinander, wenn sie sich ausreichend unterscheiden.[11] Was eine Art kennzeichnet, ist bisher noch nicht einheitlich definiert. Die Herausforderung ist, dass sich Lebewesen kontinuierlich anpassen. Es ist deshalb nicht einfach, eine Grenze zu ziehen, ab wann zwei Lebewesen nicht mehr hinreichend ähnlich sind, um zur gleichen Art zu gehören. Die Grenze zwischen zwei Arten wird meist gezogen, wenn sie sich nicht mehr fortpflanzen können oder wenn ihre Gene zu verschieden sind. Laut Klaus Günther, deutscher Zoologe und Taxonom, hat dabei jede Art ihre eigene Nische. Eine Nische verändert sich, weil sich die Art und ihre Lebensgrundlage kontinuierlich in einem Wechselspiel anpassen. Außerdem existiert eine Nische nur, wenn eine Art und ihre Lebensgrundlage vorhanden sind. Geht eines der beiden verloren, geht die Nische verloren. Jede Art hat eine eigene, spezifische Funktion im Ökosystem. Es gibt viele wechselseitige Abhängigkeiten, bei denen die eine Art nicht ohne andere Arten auskommt. Dabei sichert sowohl die Artenvielfalt als auch die genetische Vielfalt die Ökosysteme ab. Das Ökosystem ist ein empfindliches System, und alle Arten im Ökosystem sind mehr als die Summe der Arten.

FAKTEN ZUR GENETISCHEN VIELFALT

Die genetische Vielfalt ist nicht so leicht zu messen. Um einen vollständigen Genkatalog zu basteln, müsste man das Genom jeder einzelnen Art entschlüsseln, und es werden ja ständig neue geboren. Die Kosten dafür wären sehr hoch. Die Kosten der Genomentschlüsselung sind zwar durch das Human Genome Projekt stark gesunken, aber die Entschlüsselung von einer Million Genome würde immer noch eine Milliarde Euro kosten. Zudem ist es nicht einfach, an das Genmaterial aller Lebewesen zu kommen. Die Datenerhebung ist also alles andere als einfach und nur mit Einschränkungen möglich.

Es gibt bereits regionale Versuche, die genetische Vielfalt von bestimmten Lebewesen zu ermitteln. Röbbe Wünschier, Professor für Biochemie und Molekularbiologie an der Hochschule Mittweida, hat mit dem Co-Creation Lab ein spannendes Projekt gestartet. Wildbienen, Hummeln und Honigbienen sammeln Pollen. In ihren »Bienenstöcken« gibt es dann spezielle Vorrichtungen, die gewährleisten, dass die Pollen durch ein Raster fallen. Von diesen Pollen wird dann das Genom bestimmt. Damit kann die Biodiversität der Pflanzen im Umfeld analysiert werden. [12]

Auf globaler Ebene gibt es aber dazu noch kein ausreichendes Datenmaterial. Daher werde ich mich für eine Abschätzung der genetischen Vielfalt an der Entwicklung von Populationsgrößen der Arten orientieren. Je größer die Populationsgröße, desto größer ist tendenziell die genetische Vielfalt. Es kann zwar sein, dass eine Art durch einen genetischen Flaschenhals ging, das heißt, dass es nur noch wenige Arten gab und dann die Population wieder stark anstieg. Für eine Abschätzung reicht die Approximation aber auf jeden Fall. Einen Versuch dies zu messen, stellt der Living Planet

Index des World Fund (WWF) und der Zoological Society of London dar. Sie messen die durchschnittliche Veränderung von 20.811 Populationen über 4.392 Spezies von 1970 bis 2016. Dabei werden Arten innerhalb einer geographischen Region extra aufgeführt. Beispielsweise sind Elefanten in Südafrika und Simbabwe separat aufgenommen. Teil des Indexes sind nur Wirbeltiere[13], Insekten, Pilze, Korallen und Pflanzen sind nicht enthalten.[14]

Wie funktioniert nun die Kalkulation?

Das werde ich kurz an einem Beispiel erläutern. Angenommen, es gibt Elefanten in Südafrika und Simbabwe. 1970 gab es in Südafrika 1.000 Elefanten und 2016 waren es 500. Damit ging die Elefantenpopulation in Südafrika in diesem Zeitraum um 50 Prozent zurück. In Simbabwe gab es 1970 nur noch 50 Elefanten und 2016 waren es 60. Damit stieg in Simbabwe im gleichen Zeitraum die Elefantenpopulation um 20 Prozent. Für den durchschnittlichen Rückgang der Populationen ergibt sich nun ein Wert von 15 Prozent. Da-

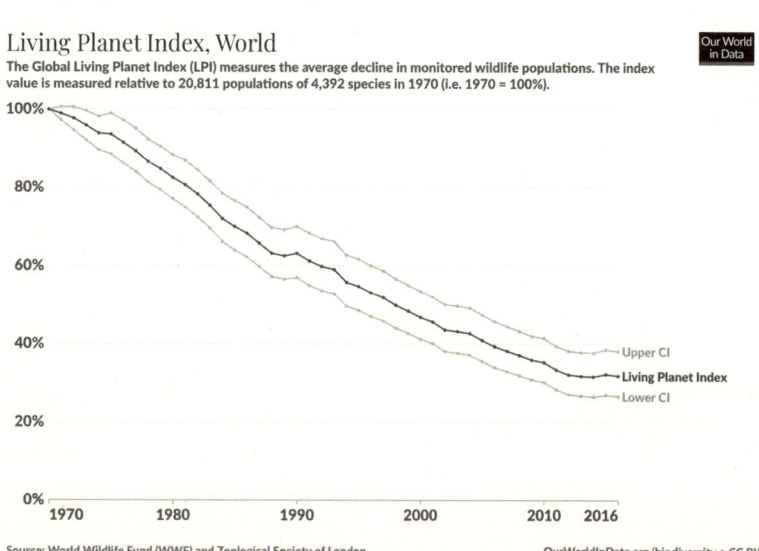

Living Planet Index, World
The Global Living Planet Index (LPI) measures the average decline in monitored wildlife populations. The index value is measured relative to 20,811 populations of 4,392 species in 1970 (i.e. 1970 = 100%).

Source: World Wildlife Fund (WWF) and Zoological Society of London
Note: 95% upper and lower confidence intervals are shown in grey.

OurWorldInData.org/biodiversity • CC BY

mit sank der Index von 1970 bis 2016 um 15 Prozent, obwohl die gesamte Elefantenpopulation um circa 47 Prozent zurückging. Die Messung unterschätzt tendenziell den tatsächlichen Rückgang an Lebensvielfalt. Trotzdem erlaubt sie eine erste Näherung. [15]

Laut dem Living Planet Index sind die gemessenen Tierpopulationen um durchschnittlich fast 70 Prozent (!) zurückgegangen.

Der Freshwater Index misst mit ähnlicher Systematik die durchschnittliche Veränderung der Populationen von Süßwasserarten. Er enthält 3.741 Populationen von 944 Spezies. Dabei sanken die Süßwasserpopulationen durchschnittlich sogar noch stärker. Der durchschnittliche Rückgang der Populationen seit 1970 beträgt 84 Prozent! [16, 17]

Living Planet Index, Freshwater

The Global Living Planet Index (LPI) measures the average decline in monitored wildlife populations. The index value is measured relative to 20,811 populations of 4,392 species in 1970 (i.e. 1970 = 100%).

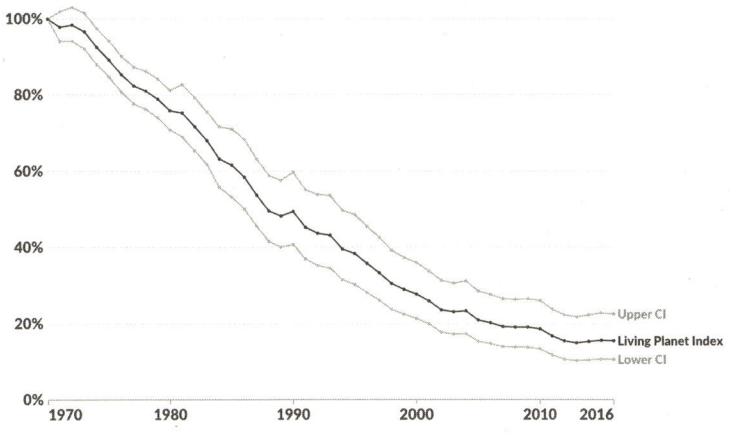

Source: World Wildlife Fund (WWF) and Zoological Society of London   OurWorldInData.org/biodiversity ● CC BY
Note: 95% upper and lower confidence intervals are shown in grey.

FAKTEN ZUR ARTENVIELFALT

Es wird geschätzt, dass es auf unserem Planeten acht Millionen Arten gibt. 1,8 Millionen bekannte Arten wurden bisher registriert. Bedrohte Arten landen auf der Roten Liste des IUCN (International Union for Conservation of Nature), wenn sie denn erfasst werden. Schätzungsweise 80 Prozent aller Lebewesen sind uns noch nicht einmal bekannt. Von den 1,8 Millionen bekannten Arten erfasst die Rote Liste gerade einmal 70.000 Tier- und Pflanzenarten. Ein Drittel dieser Arten wurde als vom Aussterben bedroht eingestuft. Die entscheidenden Faktoren für die Einstufung sind die Populationsanzahl, Reproduktionsrate und die regionale Verteilung. Obwohl mindestens 10 Prozent aller Arten vom Aussterben bedroht sind, enthält die Rote Liste nur etwa 1 Prozent. Der Grund dafür ist, dass es zu wenig Geld gibt, die Populationen der Lebewesen zu erfassen. Zudem fließt tendenziell mehr Geld in die Erforschung großer Tiere in Westeuropa, statt in kleine wirbellose Tiere in den Biodiversitätszentren im globalen Süden.[18]

Um zu ermitteln, wie es um die Artenvielfalt steht, ist es nicht nur wichtig, die bedrohten Arten zu kennen, sondern auch zu wissen, wie viele Arten aussterben. Dazu vergleiche ich die Rate mit dem historischen Durchschnitt. Die Rate wird in ausgestorbene Spezies pro Millionen Speziesjahre gemessen (E/MSJ). Die Grundrate entspricht 0,1 ausgestorbene Arten pro Million Speziesjahre. Die Rate lag bei Vögeln vor 1900 bei 51 ausgestorbenen Arten pro Million Speziesjahre und nach 1900 bei 132. Das heißt, dass Vögel 1.320-mal schneller aussterben als der historische Durchschnitt. Die Rate von Säugetieren ist sogar 1.830-mal höher und die von Amphibien 5.870-mal höher. Die noch höheren Raten für Amphibien lassen sich unter anderem damit erklären, dass Feuchtgebiete um über 80 Prozent abgenommen haben.[19]

Aber nicht nur die Tiervielfalt, sondern auch die Pflanzenvielfalt geht zurück. Von den 1,8 Millionen bekannten Lebewesen sind 350.000 Pflanzenarten. Aelys M. Humphreys und ihr Forscherteam haben Daten von 100.000 verschiedenen Samenpflanzen verwendet, um die Aussterberate zu untersuchen. Die historische Grundrate lag genauso wie bei den Tieren bei 0,1 ausgestorbene Arten pro Million Speziesjahre. Von 1900 bis 2018 lag die Rate bei 26 Arten pro Million Speziesjahre. Damit sterben die Pflanzen circa 260-mal schneller aus als historisch üblich.

Der größte Artenverlust tritt oft in isolierten Gebieten auf. Besonders betroffen sind isolierte Inseln. Menschlicher Einfluss hat dort die größten negativen Auswirkungen auf die Artenvielfalt. 98 Prozent der ausgestorbenen Arten waren auf einer Insel heimisch. Außerdem sind 80 Prozent der ausgestorbenen Arten krautähnlich. Dies erscheint auf den ersten Blick etwas ungewöhnlich, weil man bei ausgestorbenen Arten eher an große Arten wie den Dodo, den chinesischen Flussdelfin oder das Mammut denkt. Über diese Arten ist eine emotionale Geschichte zu erzählen ist leichter als über eine kleine Insektenart. Es wird jedoch weniger ungewöhnlich, wenn man bedenkt, dass es deutlich mehr Insektenarten als Flussdelfinarten gibt. Dadurch ist die Wahrscheinlichkeit höher, dass ein kleines Tier ausstirbt. Das nächste ausgestorbene Lebewesen wird eher ein Kraut als eine Tanne beziehungsweise eher ein Insekt als ein Elefant sein.[20]

Wie sind nun diese Aussterberaten historisch und im Vergleich zu den anderen fünf Massensterben einzuordnen?[21]

Die vorherigen fünf Massensterben fanden gegen Ende des Ordoviziums, der Devonzeit, der Permzeit, der Trias und der Kreidezeit statt und ereigneten sich vor 444, 360, 250, 200 und 65 Millionen Jahren. Die Anzahl der ausgestorbenen Tiere ist aktuell noch nicht auf dem Level dieser fünf Ereignisse. Die Verantwortung liegt bei jedem von uns, dass dies so bleibt. Laut dem Umweltwissenschaftler Malcom McCallum sterben die Arten aber in einem sehr hohen Tempo aus, bis zu 165-mal schneller als während dem letzten Massensterben. Die Steigerung ist eindeutig steiler als bei vorherigen Massensterben.[22]

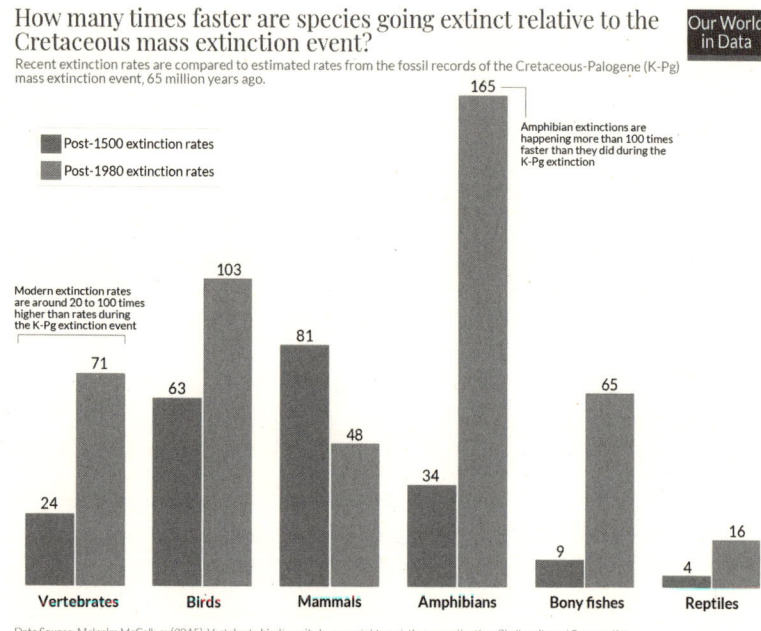

How many times faster are species going extinct relative to the Cretaceous mass extinction event?

Our World in Data

Recent extinction rates are compared to estimated rates from the fossil records of the Cretaceous-Palogene (K-Pg) mass extinction event, 65 million years ago.

Post-1500 extinction rates

Post-1980 extinction rates

Amphibian extinctions are happening more than 100 times faster than they did during the K-Pg extinction

165

Modern extinction rates are around 20 to 100 times higher than rates during the K-Pg extinction event

103

81

71

63

48

34

24

65

9

4

16

Vertebrates   Birds   Mammals   Amphibians   Bony fishes   Reptiles

Data Source: Malcolm McCallum (2015). Vertebrate biodiversity losses point to a sixth mass extinction. *Biodiversity and Conservation.*
OurWorldinData.org – Research and data to make progress against the world's largest problems.   Licensed under CC-BY by the author Hannah Ritchie.

Im Diagramm werden die Aussterberaten mit dem letzten Massensterben verglichen. Die Daten unterstützen die These, dass wir uns im sechsten Massensterben befinden. Die vergangenen fünf waren von massiven Umweltveränderungen geprägt. Das aktuelle, sechste prägt der Mensch und es liegt in seiner Verantwortung, es zu stoppen. Nicht umsonst befinden wir uns im Anthropozän, dem Erdzeitalter, das vom Menschen geprägt ist.

FAKTEN ÜBER ÖKOSYSTEME

Die Wildfläche wird global immer stärker eingeschränkt. Die Gründe sind stärkere Bebauung, Ausweitung der landwirtschaftlichen Fläche sowie Flächenverbrauch für Bergbau und Verkehr. Dies führt zu einem Habitatsverlust für viele Lebewesen. Gerade die Bestände von Top-Räubern können wichtige Aufschlüsse über den Zustand von Ökosystemen geben. Top-Räuber halten die Balance in einem Ökosystem. In Kalifornien ist in den Küstenregionen die Seeotterpopulation zurückgegangen. Diese Seeotter ernähren sich von Seeigeln. Durch den Rückgang der Seeotterpopulation wuchs die Population der Seeigel ungebremst. Die Seeigel wiederum ernähren sich von Kelp. Da es zu viele Seeigel gab, fraßen die Seeigel die Kelpwälder kahl. Diese Kelpwälder sind circa 70 Meter lange Pflanzen, die eine Art Unterwasserwald bilden. Kelpwälder brechen Wellen vor der Küste und bieten einer Vielzahl von Tier- und Pflanzenarten einen wichtigen Lebensraum. Beispielsweise gingen durch den Rückgang der Kelpwälder spezialisierte Fischarten zurück. Dies führt zu einem Rückgang von Vögeln wie dem Weißkopfseeadler. Ein Rückgang der Top-Räuber kann große Auswirkungen auf die Ökosysteme haben. Ökosysteme sind ein feines Beziehungsgeflecht vieler verschiedener Lebewesen.

Ein anderes besonderes Beziehungsgeflecht existiert rund um den Siliziumkreislauf in Afrika.[23] Die Böden der Savannenlandschaft enthalten viel Silizium. Die Landpflanzen nehmen Silizium auf, um ihre Blätter und Stängel zu stabilisieren. Nilpferde entfernen sich nachts aus dem Wasser und vertilgen diese Pflanzen. Durch ihre Exkremente landet das Silizium dann in den Flüssen. Diese Exkremente fördern die Algenbildung. Von diesen Algen wiederum ernähren sich die Fische. Diese Fische werden schließlich von uns

Menschen befischt. Im Mara-Fluss im Süden Kenias gelangen so durch die Nilpferde Dreiviertel des Siliziums in den Fluss.

HOMO SAPIENS ALS VERURSACHER

Zusammengefasst gibt es in allen drei Bereichen der Biodiversität Verluste – auf der Ebene der genetischen Vielfalt, auf der Ebene der Artenvielfalt und der Ebene der Ökosysteme. Verantwortlich dafür sind wir Menschen. Die Ursachen des Biodiversitätsverlusts lassen sich in einem Wort zusammenfassen: HIPPO. Die einzelnen Buchstaben stehen für Habitatsverlust, invasive Arten, Population, Pollution (Umweltverschmutzung), Overusing (Übernutzung). Gerade der Habitatsverlust und die Übernutzung natürlicher Ressourcen können durch bessere Nahrungsmittelherstellung verbessert werden. Dazu später mehr im Kapitel über nachhaltige Landwirtschaft.[24]

Einen Schritt weiter geht der Zoologe Matthias Glaubrecht mit seiner Analyse. Für ihn liegt die Dissonanz zwischen Mensch und Natur im menschlichen Pionierstreben. Aber eine andere Natur des Menschen, die kulturelle Natur gibt Anlass zur Hoffnung. Die kulturelle Natur hilft uns, Regeln und Normen zu etablieren, die uns ein geordnetes Zusammenleben mit anderen Mitmenschen ermöglichen. Daneben besitzen wir noch die Vernunftnatur. Unsere Aufgabe ist es, mit unserer Vernunftnatur und der kulturellen Natur die Pioniernatur in Einklang mit der Natur zu bringen.[25] Dafür ist es wichtig, uns selbst zu begrenzen, um die Natur zu schützen. Dabei nutzen wir die Vernunftnatur. Außerdem können wir unsere kulturelle Natur dazu nutzen, diese Begrenzungen auch sinnvoll anzuwenden. Ein Teil der kulturellen Natur ist unsere Fähigkeit, Geschichten zu erzählen und diese Stück für Stück anzupassen. Beispielsweise ist der Kapitalismus eine kulturelle Geschichte, die von uns Menschen erfunden wurde. Die Kernidee des Kapitalismus ist, Kapital wiederholt zu investieren, um noch mehr Kapital anzuhäufen.[26] Die soziale Marktwirtschaft hat dafür gesorgt, dass ein Teil der Kapitalakkumulation auf die gesamte Gesellschaft verteilt wird. Die aktuelle Herausforderung ist es, dass die Kapitalakkumulation nicht auf Kosten des Naturkapitals geht. Dafür ist es wichtig, Ressourcen gezielt wiederzuverwenden und zu einer sozialen Kreislaufwirtschaft zu gelangen. Außerdem hilft es, materielle Kapitalakkumulation zunehmend durch immaterielle Kapitalakkumulation zu ersetzen. Im letzten Schritt geht es darum, die Natur wieder selbst Naturkapital aufbauen zu lassen.

ZUSAMMENFASSUNG

Biodiversität besteht aus drei Teilen, der genetischen Vielfalt, der Artenvielfalt und der ökologischen Vielfalt. Eine annähernde Einschätzung des Verlusts der genetischen Vielfalt liefert der Living Planet Index. Er misst den Rückgang von Tierpopulationen. Seit 1970 verzeichnet der Index einen Rückgang von 70 Prozent. Die Arten sterben schneller aus als je zuvor. Die Zahlen deuten darauf hin, dass wir uns mitten im sechsten Massensterben befinden. Ökosysteme werden durch den steigenden Flächenverbrauch immer stärker eingeschränkt. Die Hauptursachen für den Biodiversitätsverlust lassen sich mit dem Wort HIPPO zusammenfassen. Die einzelnen Buchstaben stehen für Habitatsverlust, invasive Arten, Population, Pollution (Umweltverschmutzung), Overusing (Übernutzung). Laut Matthias Glaubrecht liegt der Grund für den Rückgang der Biodiversität aber noch tiefer in uns Menschen verankert. Er sieht die Ursache in unserer Pioniernatur. Wenn wir den Rückgang verhindern wollen, sei es wichtig, unsere Vernunftnatur und unsere kulturelle Natur zu nutzen. Die Vernunftnatur ermöglicht uns, rationale Entscheidungen zu treffen, und die kulturelle Natur gibt uns die Fähigkeit, neue Regeln und Normen innerhalb einer Gesellschaft zu etablieren.

3.
BESTANDSAUFNAHME –
DER REALITÄT INS
AUGE SEHEN

Die passenden Lösungen für den Klimawandel und den Verlust der Biodiversität kann man erst entwickeln, wenn man die Realität kennt. Dieses Kapitel soll sich mit dieser Realität befassen, mit unserer heutigen Klima- und Biodiversitätswirklichkeit. Wissenschaftler halten die neuesten Informationen über den Klimawandel im IPCC-Bericht fest und die über die Biodiversität im IPBES-Bericht.

DER IPCC-BERICHT –
VERGANGENHEIT UND GEGENWART

Das Intergovernmental Panel on Climate Change (IPCC) wurde 1988 von der World Metrological Organisation (WMO) und dem United Nations Environment Program (ZNEP) gegründet.

Das Ziel ist dieser Organisationen ist es, wissenschaftliche Informationen über den Klimawandel zu vermitteln. Es sollen die Auswirkungen des menschengemachten Klimawandels vermittelt werden und Lösungsmöglichkeiten vorgeschlagen werden. Diese Informationen erscheinen dann im IPCC-Bericht. Das IPCC hat bereits sieben Berichte veröffentlicht und stark zum öffentlichen Klimabewusstsein beigetragen. 2007 wurde das IPCC mit dem Nobelpreis ausgezeichnet. Meist gibt es für Entscheidungsträger auch eine gekürzte Version des Berichts mit den Kernbotschaften. Der letzte Bericht ist 2022 erschienen.[27]

Schauen wir uns den siebten IPCC-Bericht einmal genauer an. Seit der vorindustriellen Zeit ist die Temperatur um 1,1 Grad Celsius angestiegen. Die Verantwortung dafür trägt der Mensch. Der Klimawandel ist menschengemacht. 0,2 Grad des Anstiegs fand dabei im Zeitraum 2003–2012 statt. Der Temperaturanstieg beschleunigt sich sogar. Es wird nicht nur wärmer, sondern sogar schneller wärmer. Das Pariser 1,5-Grad-Ziel ist das bekannteste Klimaziel. Die Wahrscheinlichkeit für 1,5 Grad Erderwärmung liegt bei mindestens 50 Prozent. In Deutschland ist die Temperatur bereits um 2 Grad angestiegen.

3,5 Milliarden Mitmenschen spüren die Auswirkungen des Klimawandels stark. Der Klimawandel erhöht die Frequenz und das Ausmaß von extremen Wetterevents. Dadurch werden vermehrt Häuser überflutet oder durch Erdrutsche zerstört. Fluten in Küstenregionen werden durch den gestiegenen Meeresspiegel verstärkt. Der Meeresspiegel steigt, weil Gletscher und Pole schmelzen und sich das Wasservolumen durch die Erwärmung ausdehnt. Außerdem steigt die Gefahr von Hitzewellen. Dies führt zu vermehrten Ernteausfällen und knappem Trinkwasser. Wasserknappheit ist schon jetzt keine Seltenheit. Die Hälfte aller Menschen leidet mindestens einmal pro Jahr darunter. Wen trifft der Klimawandel besonders?

Der Klimawandel trifft besonders vulnerable Personen. Dazu gehören Kinder, ältere Menschen, schwangere Frauen, Menschen mit geringeren Einkommen und Indigene. Indigene sind zusätzlich von den Nahrungsmitteln ihrer regionalen Ökosysteme abhängig. Das heißt, sie sind von einem Nahrungsmittelausfall besonders betroffen, weil sie keine Nahrungsalternativen haben. Dabei sind sie es, die die Ökosysteme am meisten schätzen und schützen. Das kann nicht gerecht sein. Daher ist es wichtig, für Klimagerechtigkeit zu sorgen und Betroffene sozial zu unterstützen. Die Folgen des Klimawandels sollten gerecht geteilt werden. Um mehr gegen den Klimawandel zu tun, ist es wichtig, vulnerable Personen stärker an Entscheidungen zu beteiligen. Durch ihre hohe Betroffenheit treffen sie bessere Entscheidungen für das Wohl aller. Regional sind besonders kleinere Entwicklungsinselstaaten betroffen, Bewohner der Arktis und Bewohner von Zentral-, Süd- und Westafrika.

Neben den Auswirkungen auf uns Menschen hat der Klimawandel auch Auswirkungen auf ganze Ökosysteme. Besonders betroffen sind sensible Ökosysteme wie Kelpwälder, Seegraswiesen oder Korallenriffe. Um die Ökosysteme zu bewahren, ist es wichtig, die Klimaziele einzuhalten und Schutzgebiete einzurichten. Korallenriffe können beispielsweise nur bis zu einer bestimmten Temperatur bestehen. Wird es wärmer, bleichen sie aus und können nicht mehr leben. Es gibt bereits einige Schutzgebiete. Aktuell sind 15 Prozent der Landflächen, 21 Prozent der Süßwassergebiete und 8 Prozent der Meeresflächen Teil von Schutzgebieten. Wichtig ist aber nicht nur die Quantität, sondern auch die Qualität der Schutzgebiete. Das heißt, die Schutzgebiete sollen bevorzugt Hotspots der Biodiversität schützen. Ein Beispiel dafür ist ein Korallenriff. Außerdem bedarf es einer besseren Kontrolle der Schutzgebiete. Denn ohne Kontrolle existieren die Schutzgebiete nur auf dem Papier. Ökosysteme verursachen Rückkopplungseffekte auf den Klimawandel. Sind die Ökosysteme instabiler, können sie Wetterextreme weniger stark ausgleichen. Jeder, der im Sommer mal einen Spaziergang durch einen Wald gemacht hat, weiß die angenehme Erfrischung zu schätzen. Ist der Wald allerdings weniger dicht und gesund, lässt die Pufferwirkung nach. Außerdem hat der Klimawandel Auswirkungen auf die Infrastruktur. Betroffen sind die sanitäre Versorgung, Wasserversorgung, Gesundheitsversorgung, Transport, Kommunikation, Nahrungsmittelversorgung und die Energieversorgung. Zudem sind einige Wirtschaftssektoren besonders betroffen. Besonders trifft der Klimawandel die Land- und Forstwirtschaft, die Fischerei, die Energiewirtschaft sowie den Tourismus.

CHARAKTERISTIK KLIMAWANDEL

Wir wissen nun, wer am stärksten vom Klimawandel betroffen ist, welche Menschen, welche Ökosysteme, welche Infrastruktur und welche Wirtschaftszweige. Was wir noch nicht kennen, sind die Eigenschaften dieser Auswirkungen. Sind sie umkehrbar oder nicht, nimmt der zusätzliche Schaden mit ansteigender Temperatur zu, bleibt er gleich oder nimmt er ab und trifft der Klimawandel eher vulnerable oder nicht-vulnerable Menschen? Zum Schluss dieses Abschnitts geht es noch um dein persönliches Klimawandelrisiko.

Die Frage der Umkehrbarkeit lässt sich relativ einfach beantworten. Wenn ein Permafrostboden auftaut und dabei Methan in die Atmosphäre entweicht, kann man das Methan nicht einfach so wieder zurückholen und den Boden wieder gefrieren lassen. Ähnlich ist es bei Flüssen, die durch Ökosysteme gespeist werden und deren Quelle durch den Wegfall des Ökosystems wegfällt. Diese Ökosysteme können nicht ohne Weiteres wiederaufgebaut werden. Ähnlich sieht es mit Korallenriffen aus. Einmal weg, kommen sie nicht mehr so leicht zurück. Wenn wir Mutter Erde verletzen, können wir sie nicht einfach so reparieren. Vielmehr sollten wir sie vor diesen Verletzungen schützen. Ja, viele Auswirkungen des Klimawandels sind unumkehrbar.

Neben der Unumkehrbarkeit stellt sich die Frage, ob der Schaden durch zusätzlichen Temperaturanstieg abnimmt, konstant bleibt oder ansteigt. Die Wahrscheinlichkeit von Jahrhundertfluten stieg im letzten Jahrzehnt deutlich stärker an als im Jahrzehnt davor. Ebenso nahmen Wahrscheinlichkeit und Ausmaß von Hitzewellen und Waldbränden deutlich zu. Dies deutet daraufhin, dass die Auswirkungen des Klimawandels deutlich ansteigen und damit nicht-linear zunehmen. Zu dieser Schlussfolgerung gelangen viele wissenschaftlichen Institute wie unter anderem das Max-Plank-Institut.

Außerdem stellt sich die Frage, wen der Klimawandel stärker trifft – Benachteiligte oder Nicht-Benachteiligte. Dazu fand der IPCC heraus, dass der Klimawandel besonders Kinder, Indigene, schwangere Frauen, aber auch Leute aus Regionen mit wenig Einkommen trifft. Daraus lässt sich schließen, dass der Klimawandel Menschen trifft, die besonders vulnerabel sind.

> Es lässt sich also zusammenfassen, dass der Klimawandel negative Auswirkungen hat, viele davon sind unumkehrbar, nehmen nicht-linear zu und treffen besonders vulnerable Personen. All das sollte uns dringlichst zum Handeln bewegen.

Zum Abschluss noch eine kleine Bewertung deines eigenen Klimawandelrisikos. Dein aktuelles Risiko hängt von deinem Wohnort ab. Dein Risiko ist zum Beispiel an der Atlantikküste, in Flussnähe oder in der Nähe eines Berges höher als auf einer flachen Ebene mitten in Deutschland. Neben dem Wohnort spielt das Einkommen eine bedeutende Rolle. Viele von uns in Europa haben das Glück, relativ wohlhabend zu sein. Dieses Glück hat nicht jeder Mensch. Zudem ist gerade das junge Familienglück gefährdet. Sowohl Kinder als auch Mütter sind den Risiken des Klimawandels besonders ausgesetzt.

Bereits bei 1,5 Grad Temperaturanstieg sind einige Ökosysteme akut gefährdet – wie beispielsweise Korallenriffe. Bei 2 Grad Temperaturanstieg nehmen die Wetterextremereignisse sehr stark zu. Einige Regionen in Nordafrika werden unbewohnbar.

DER IPCC-BERICHT – ZUKUNFT

Die Risiken des Klimawandels steigen nicht-linear. Da die Erderwärmung weiterhin zunimmt, ist damit zu rechnen, dass die langfristigen Risiken des Klimawandels um ein Vielfaches höher sein werden als sie es jetzt schon sind.

Bei Landökosystemen sind bei 1,5 Grad Temperaturanstieg 9 Prozent der Arten gefährdet, bei 2 Grad 12 Prozent, bei 3 Grad 16 Prozent, bei 4 Grad 21 Prozent und bei 5 Grad 26 Prozent der Arten. Bei Meeresökosystemen sind bei 1,5 Grad 2 Prozent der Spezies bedroht und bei 3 Grad Temperaturanstieg 20 Prozent. Bei 2 Grad Temperaturanstieg schmelzen circa 24,5 Prozent der Gletscher, bei 4 Grad 49 Prozent. Erhöht sich der Temperaturanstieg von 1 Grad auf 2 Grad Erderwärmung, steigen die Flutschäden um das 1,7-Fache, von 2 Grad auf 3 Grad sogar um das 3,2-Fache. Bei 4 Grad Temperaturanstieg fließen viele Flüsse nicht mehr regelmäßig und es gibt meist nur noch ein trockenes Flussbett oder einen reißenden Fluss mit vielfältigen Auswirkungen.

Neben den nicht-linearen Auswirkungen des Klimawandels haben wir es bei den Ökosystemen unserer Erde mit komplex-adaptiven Systemen zu tun. Je stärker wir sie aus dem Gleichgewicht bringen, desto komplexer und größer werden die Auswirkungen. Zudem gibt es Kipppunkte. Ab einem gewissen Punkt kippen Ökosysteme, und ganze wundersame Beziehungen zwischen den einzelnen Teilnehmern der Ökosysteme zerbrechen. Viele Ökosysteme befinden sich bereits nahe an Kipppunkten, wie zum Beispiel Gletscher, Permafrostböden oder Regenwälder. Viele dieser Kipppunkte sind irreversibel. Dadurch ist bereits ein kurzzeitiges Überschießen der globalen Temperatur gefährlich. Die Erwärmung ist nicht mehr aufzuhalten. Die Frage ist nur, wie stark und wie wir uns bis dahin anpassen. Aktuell fehlen gerade Menschen mit geringen Einkommen die finanziellen Mittel, um sich anpassen zu können. Der Bau von Staumauern und Dämmen kostet viel Geld. Niedrig liegende Gebiete können auch oft durch Mangrovenwälder geschützt werden. Außerdem schützen natürliche Feuchtgebiete und Flüsse, indem sie Wasser speichern. Leider verlieren viele Adaptionssysteme ab 1,5 Grad Temperaturanstieg ihre Wirkung. Ein Grund mehr, diesen Kipppunkt nicht zu überschreiten.

Neben der Anpassung unseres Lebensstils, unsere Ökosysteme und unserer Infrastruktur ist es wichtig, dass sich unsere Institutionen anpassen. Um mit den Herausforderungen des Klimawandels umgehen zu können, benötigen sie mehr Klimaresilienz. Wichtig ist, dass die Institutionen eine Vielfalt an Perspektiven zulassen und nach außen weitergeben. Denn diese Vielfalt hilft, besser mit den Folgen des Klimawandels umzugehen. Außerdem benötigen Institutionen mehr Kompetenz und Tatendrang bei dem Schutz unserer Ökosysteme. Zudem ist es wichtig, Klimagerechtigkeit tief zu verankern. Vulnerable Menschen sind stärker vom Klimawandel betroffen und sollten deshalb stärker unterstützt werden.

Wir haben nur noch eine begrenzte Zeit, um etwas gegen den Klimawandel zu unternehmen. Deshalb brauchen wir Zusammenarbeit auf allen Ebenen, der regionalen Ebene in den Gemeinden, in der Bildung, in der Wissenschaft, in den Institutionen, mit den Medien, mit den Investoren, mit Frauen, mit jungen Leuten, mit Indigenen. Große Ziele wie das Pariser Klimaabkommen oder das Ziel, 30–50 Prozent kontrollierte Schutzzonen für biologische Hotspots bereitzustellen, können nur gemeinsam erreicht werden.

IPBES – WIE STEHT ES UM DIE BIODIVERSITÄT?

Der Klimawandel wird im IPCC behandelt. Das Pendent dazu für die Biodiversität ist der IPBES-Bericht. Der IPBES wurde am 21. April 2012 in Panama City gegründet. IPBES steht für Intergovernmental Plattform on Biodiversity and Ecosystem Services. Es handelt sich um die größte überstaatliche Organisation für Biodiversität. Sie nimmt wissenschaftlich den aktuellen Bestand der Biodiversität auf sowie deren Ökosystemdienstleistungen. Ökosystemdienstleistungen ist ein Konzept, bei dem versucht wird, den Wert von Ökosystemen herauszustellen, indem man ihre »Leistungen« quantifiziert. Dadurch soll der unschätzbare Wert der Ökosysteme stärker herausgestellt werden. Am IPBES sind mittlerweile mehr als 120 Nationen beteiligt. Das Ziel ist, die Biodiversität langfristig zu erhalten. Neben Wissenschaftlern sind auch indigene Bevölkerungsgruppen Teil der IPBES.[28] Die Beteiligung Indigener verleiht der IPBES »mehr Haut im Spiel«. Das ist ein Konzept des Philosophen Nassim Nicholas Taleb, der so ein neues Kriterium für ethisch vertretbares Handeln formuliert. »Riskiere deine Haut, oder schweig« (*Neue Züricher Zeitung, 23.5.2018*). Entscheider sollten auch Risikoträger sein. Entscheider, die schlechte Entscheidungen treffen, entscheiden über weniger. Entscheider, die besser entscheiden, über mehr. Indigene spüren Auswirkungen auf Ökosysteme direkt. Zum einen ist ihre Nahrungsgrundlage noch näher mit den Ökosystemen verbunden. Sie besitzen mehr Bewusstsein für die Ökosysteme, in denen sie leben, weil sie täglich mit ihnen in Berührung und von den Auswirkungen in den Ökosystemen abhängig sind. Entscheider sollten auch in europäischen Regierungsorganisation mehr Risiko tragen. Gerade Entscheidungen, die den Klimawandel oder die Biodiversität betreffen, sollten stärker von Indigenen mitgetroffen werden.

Damit genau die Menschen Entscheidungen treffen, die gute Entscheidungen treffen.

Kommen wir nun zum Inhalt des IPBES-Berichts. Die Lebensvielfalt auf der Erde geht deutlich zurück. Der Grund dafür ist menschengemacht. Der Verlust an Lebensvielfalt gefährdet Mitlebewesen und damit unsere Lebensgrundlage. Die Lebensvielfalt liefert Bausteine für unser tägliches Leben. Unsere Nahrungsmittelerzeugnisse stammen von Tieren und Pflanzen: das Getreide, das auf dem Acker wächst, die Kuh, die auf der Weide steht und Milch ansetzt, oder der Apfelbaum, der Äpfel trägt. Das Trinkwasser kommt auch nicht einfach aus der Leitung, sondern hat eine lange Geschichte und einen langen Weg hinter sich. Irgendwann hat sich das Wasser einmal abgeregnet, bis es sich auf Reisen begab. Es traf auf die Erde und sickerte durch viele Schichten und wurde dadurch gereinigt, bis es irgendwann aus diesen unteren Schichten wieder nach oben befördert wurde. Auch die Wärmeerzeugung durch Feuerholz ist nicht selbstverständlich. Der Baum wächst über viele Jahre, bis er schließlich gefällt wird, trocknet und zu den Häusern transportiert wird. Zwei Milliarden Menschen heizen heutzutage nur mit Feuerholz ihre Wohnung. Viele Teile der Ökosysteme sind aber nicht nur Wärmequelle, sondern auch Heilquelle für den Körper. Viele pflanzliche Ausgangsstoffe sind die Basis für viele Medikamente. Vier Milliarden Menschen greifen nur auf natürliche Heilquellen zurück. 70 Prozent unserer Medikamente sind beispielsweise durch die Natur inspiriert entstanden. Nicht zuletzt macht uns die Natur glücklicher und zufriedener. Die Japaner sind klug und nutzen dies bei einem »Waldbad«, ein Begriff, der mittlerweile auch von uns verstanden wird.

LEBENSRAUM WASSER

Im Wasser entstand einst das Leben. Es war der Ursprung unserer heutigen Lebensvielfalt. Doch diese Lebensvielfalt ist rückläufig. Die Fläche von Süßwasserökosystemen hat stark abgenommen. 85 Prozent der Feuchtgebiete sind seit 1700 bereits verloren gegangen. Einer der Hauptgründe ist, dass intensive Landwirtschaft viel Wasser verbraucht. Drei Viertel des Frischwassers werden insgesamt für die Landwirtschaft verwendet. Gerade bei der Viehzucht wird viel Wasser benötigt. Die Herstellung eines Kilogramms Rindfleisch verbraucht 15.000 Liter Wasser. Zum Vergleich: Der Wasserverbrauch einer Person liegt in Deutschland bei etwa 125 Liter pro Tag.[29] Würden für die Rindfleischerzeugung die gleichen Wasserkosten wie für einen bayerischen Verbraucher anfallen, würde das Rindfleisch circa 22 Euro Wasserkosten pro Kilo verursachen. Auch Küstengebiete sind gefährdet. In vielen Übergangszonen zwischen Meer und Land sind Mangrovenbäume heimisch. Sie bieten den Küsten Schutz vor Fluten und vielen Fischen und Kleinstlebewesen ein reichhaltiges Ökosystem. Diese Ökosysteme garantieren vielen Menschen durch nachhaltigen Fischfang eine Nahrungsgrundlage. Leider mussten viele dieser Mangrovenwälder Garnelenfarmen weichen. Dadurch stieg das Flutrisiko enorm an und viele lokale Ökosysteme rund um die Mangrovenbäume sind zusammengebrochen.

Ozeane wurden vom Menschen ebenfalls stark beeinflusst. 40 Prozent der Ozeangebiete standen 2008 unter starkem menschlichem Einfluss. 2014 waren es bereits 66 Prozent. Nur 3 Prozent der Ozeanfläche sind frei von menschlichem Einfluss. Den negativen menschlichen Einfluss kann man auch an wichtigen Bausteinen der Meeresökosysteme festmachen. Sowohl Seegraswiesen als auch Korallenriffe sind die perfekte Umgebung für viele Tier- und Pflanzenarten. Sie bieten Nahrung und Schutz und helfen einer Vielfalt an Leben zu koexistieren. Sowohl Seegraswiesen als auch Korallenriffe sind rückläufig.

Seegraswiesen gingen von 1970 bis 2000 um 33 Prozent zurück. Korallenriffe haben sich sogar halbiert. Der Grund liegt dabei in der Versauerung der Ozeane und dem Temperaturanstieg. Korallen leben in einer Symbiose mit Einzellern. Sie betreiben Photosynthese und versorgen die Korallen mit Glukose und Aminosäuren. Allerdings können diese Einzeller die Photosynthese nur bis zu einer gewissen Wassertemperatur betreiben. Überschreitet das Wasser diese Temperatur, stoßen die Korallen die Einzeller ab und bleichen aus. Außerdem wirkt sich die Überfischung negativ auf die Meeresökosysteme aus. 33 Prozent der Fischarten sind bereits überfischt. Zudem werden 60 Prozent der Fläche bis zum ökologischen Limit befischt. Der Grund dafür ist der industrielle Fischfang, der keine Rücksicht auf die Ökosysteme nimmt. Beispielsweise wird mit riesigen Schleppnetzen der Meeresboden abgefischt und dabei Tier- und Pflanzenwelt der Meeresböden zerstört. 55 Prozent der Ozeanfläche ist dem industriellen Fischfang ausgesetzt. Nur 7 Prozent der Tierarten werden nicht am Limit gefischt.

LEBENSRAUM WALD

Tiere und Pflanzen speichern jedes Jahr 5,6 Milliarden Tonnen Kohlenstoff oder umgerechnet circa 20 Milliarden Tonnen CO_2. Damit speichern sie circa 55 Prozent der weltweit ausgestoßenen Emissionen. Aber die CO_2-Speicherung ist nicht selbstverständlich. Gerade der Baumbestand hat durch den starken Holzschlag seit 1970 stark abgenommen. Der Holzschlag pro Kalenderjahr hat von 1970 bis 2017 um 45 Prozent auf 4 Milliarden Kubikmeter zugenommen. Vier Milliarden Kubikmeter entspricht in etwa einem quadratischen Würfel mit 1.600 Meter Länge, Breite und Höhe vollgefüllt mit Holz. Wenig verwunderlich geht durch den starken Holzschlag die globale Waldfläche zurück, und damit der Lebensraum für viele Tier- und

Pflanzenarten und indigene Völker. Bereits 32 Prozent der globalen Waldfläche wurden seit Beginn der Industrialisierung gerodet. Besonders stark nimmt dabei der Regenwald ab, Misch und Nadelwälder im globalen Norden nehmen leicht zu. Zwischen 1980 und 2000 hat der tropische Regenwald um 100 Millionen Hektar abgenommen. 42 Millionen Hektar in Lateinamerika wurden für Rinderweiden abgeholzt. 7,5 Millionen Hektar für Palmplantagen in Südostasien. 2020 verschwanden 4,2 Millionen Hektar feuchter tropischer Regenwald, davon 1,7 Millionen Hektar in Brasilien. Gründe für die Abholzung sind der Rohstoffhunger und die hohe Nahrungsmittelnachfrage.[30] Die Verantwortung für die Abholzung des Regenwaldes können wir Europäer aber keineswegs abschieben. Unser übermäßiger Konsum und unsere Nahrungsmittelverschwendung tragen dazu bei, dass der Regenwald abgeholzt wird. Der Rückgang der Regenwälder sorgt nicht nur dafür, dass weniger CO_2 gespeichert wird, sondern vor allem, dass der Lebensraum für die Tier- und Pflanzenwelt stark zurückgeht.

BESTÄUBER, PESTIZIDE UND DIE NAHRUNGSMITTELSICHERHEIT

Zu viele Pestizide führen zu einem Rückgang vieler Bestäuber. Das bekannteste Beispiel ist das Bienensterben, dabei ist die Biene nicht das einzige Insekt, das betroffen ist. Neben Honigbienen sind auch diverse Käfer, Schwebfliegen, Wildbienen, Wespen und Schmetterlinge betroffen. Der Rückgang dieser Bestäuber hat einen unmittelbaren Einfluss auf die Menge an Nahrungsmitteln. Je weniger Pflanzen bestäubt werden, desto weniger Früchte tragen die Pflanzen. Damit schädigt Pestizideinsatz die langfristige Versorgungssicherheit der Menschen mit Nahrungsmitteln. Zu viel Pestizideinsatz ist einer der Gründe, wieso die globalen Erträge auf Agrarflächen um

23 Prozent zurückgegangen sind. Viele Bestäuber haben eine ökologische Nische in einem regionalen Ökosystem. Sind sie in einem
Ausbreitungsgebiet einmal verschwunden, ist ihr genetischer Pool
für immer verloren, selbst wenn die Art weiter existiert. Die genetische Vielfalt bietet dabei einer Art Schutz und Möglichkeit zur Anpassung bei widrigen Umweltbedingungen. Die genetische Vielfalt
bietet auch Schutz gegen die Auswirkungen des Klimawandels und
gegen Krankheiten. Bestimmte Genvariationen können sich besser
an eine spezifische Krankheit anpassen, und je vielfältiger eine Spezies ist, desto resilienter ist sie. Ebenso schützt sich das Ökosystem,
indem mehrere Bestäuber ähnliche Funktionen haben. Beispielsweise gibt es oft mehrere Bestäuber, die eine spezielle Pflanze bestäuben können. Dadurch kann das Ökosystem weiter funktionieren, wenn ein Bestäuber in einer Region ausfällt. Allerdings ist die
Pufferwirkung nicht unbegrenzt. Bestäuber sorgen dafür, dass unsere Nahrung wächst. Gefährden wir ihre genetische Vielfalt und Artenvielfalt, gefährden wir unsere Nahrungsmittelstabilität.

DAS AUSSTERBEN VON TIERARTEN

Viele Lebewesen sind durch den Klimawandel, die intensive Landwirtschaft und Befischung vom Aussterben bedroht. Einige Lebewesen sind bereits ausgestorben. Seit 1500 sind es schon 680 Wirbeltiere. 16 Prozent dieser ausgestorbenen Wirbeltiere sind Säugetiere.
Amphibien sind ebenfalls stark betroffen. Sie machen 25 Prozent
der ausgestorbenen Wirbeltiere aus. Dies hat damit zu tun, dass die
Feuchtgebiete besonders stark zurückgegangen sind. Die Dunkelziffer ausgestorbener Tierarten ist allerdings höher, da immer noch
nicht alle Lebewesen bekannt sind. Es wird geschätzt, dass uns circa 6 Millionen Lebewesen unbekannt sind. Neben der Dunkelziffer
sind viele weitere Arten bedroht. 40 Prozent aller Amphibien sind

vom Aussterben bedroht, dicht gefolgt von Korallen und Meeressäugetieren mit 33 Prozent. Zudem sind für 10 Prozent aller Landlebewesen mittlerweile die Habitate zu klein, um das langfristige Überleben zu sichern. Indikativ für die Bedrohung der Arten ist der Biomasserückgang von Säugetieren um 82 Prozent, der Rückgang der natürlichen Ökosysteme um 47 Prozent und der Rückgang der Funktionalität der Ökosysteme um 23 Prozent.

KLIMAWANDEL UND BIODIVERSITÄT

Die Erde erwärmt sich. Je höher der Temperaturanstieg, desto schneller bewegen sich Wasserteilchen. Außerdem benötigen sie mehr Platz und dehnen sich aus. Dies führt dazu, dass der Meeresspiegel steigt. Der steigende Meeresspiegel erhöht die Flutgefahr und macht manche Gebiete unbewohnbar. Gerade niedrig gelegene Inseln wie zum Beispiel die Malediven sind besonders betroffen. Für sie und ihr Ökosystem ist der Meeresspiegelanstieg existenzgefährdend. Neben dem Meeresspiegelanstieg machen Wetterextreme Ökosystemen zu schaffen. Lange Dürreperioden können Savannenökosysteme stark gefährden. Aber schon allein der Temperaturanstieg kann empfindliche Ökosysteme wie die von Korallen gefährden. Der Symbiosepartner von Korallen kann nur bis zu einer gewissen Temperatur Photosynthese betreiben. Steigt die Wassertemperatur zu stark an, bleichen Korallen aus. Bereits 1,5 Grad Temperaturanstieg führen zu einem Rückgang der Korallen um 80 Prozent gegenüber dem vorindustriellen Niveau, 2 Grad bewirken sogar 99 Prozent Rückgang. Wie wir gesehen haben, wirkt sich der Temperaturanstieg durch mehrere Effekte negativ auf die Biodiversität aus.[31]

ÖKONOMISCHE ANREIZE

Klimawandel und Biodiversität werden oft nicht gemeinsam berücksichtigt. Ein Beispiel ist die Herstellung von Biosprit. Biosprit wird zwar aus nachwachsenden Rohstoffen hergestellt, aber es wird sehr viel Fläche dafür verwendet. Auf dieser Fläche könnten Lebensmittel angebaut werden. Der Flächendruck, der dadurch erzeugt wird, gefährdet die Biodiversität. Fällt Fläche für den Anbau von Lebensmitteln weg, führt dies zu einer Intensivierung der Landwirtschaft mit all ihren Folgen oder dem Abholzen von Waldgebieten, um neue Flächen für den Nahrungsmittelanbau zu beschaffen. Klimawandel und Biodiversität sollten daher zusammengedacht werden. Fördermittel für Biosprit gehen oft zu Lasten der Biodiversität.

Ein weiteres Problem tritt bei dem Schutz von Meeresökosystemen auf. Die Fischbestände werden nicht ausreichend geschützt. Es existieren zwar Fangquoten, allerdings werden diese nicht ausreichend kontrolliert. Es fehlt eine zentrale Institution, die Verletzungen der Fangquoten ahndet. Dafür ist es wichtig, dass die Institution es schafft, sich von den einzelstaatlichen Interessen zu lösen und unabhängige Standards zu etablieren. Damit führen Verletzungen der Fangquoten nicht zu Auseinandersetzungen zwischen den einzelnen Ländern, sondern zwischen den Fischfangunternehmen und der Institution. Die Fangquoten sollten dabei so gestaltet sein, dass sie nicht höher sind als das, was an neuen Fischen nachkommt. Es geht darum, die Fangquoten so zu gestalten, dass der Fischfang die »natürlichen Zinsen« abfischt, aber nicht das »Fischkapital« angreift. Ein zugrunde liegendes Problem ist, dass Erträge *heute* in unserem System mehr wert sind als die Erträge *morgen*. 100 Euro heute sind mehr wert als 100 Euro in sieben Jahren, denn die 100 Euro heute kann ich wieder investieren, sodass ich in sieben Jahren mehr als 100 Euro habe. Wenn es Anlagemöglichkeiten mit 10 Prozent Ertrag gibt, sind die 100 Euro heute doppelt so viel wert wie die 100 Euro in sieben Jahren. Diese ökonomischen Anreize gefährden systematisch das natürliche Gleichgewicht. Es ist finanziell lukrativ, mehr zu fischen, als die natürlichen Erträge hergeben würden. Dies gefährdet die maritimen Ökosysteme. Um die Meeresökosysteme zu schützen, ist es wichtig, sie von diesen ökonomischen Anreizen zu entkoppeln. Ein Weg ist es, strenge Fangquoten festzusetzen und diese ausreichend zu kontrollieren. Eine radikalere, aber konsequentere Lösung wäre es, die Ozeanfischerei zu verstaatlichen. Dann wäre der Fischfang nicht mehr der ökonomischen Logik unterworfen. Man könnte dies damit begründen, dass die maritimen Ökosysteme im überragenden öffentlichen Interesse stehen. Würde man die Ozeanfischerei zum Beispiel dem Bund für Naturschutz unterstellen, könnte man sich auch stärkerer Kontrolle der Fangquoten sicher sein. Der Staat könnte die Fischer anstellen und in den ersten Jahren die Fanquoten niedrig halten, damit sich die Fischbestände erholen. Nach einer Erholungsphase kann man dazu übergehen, die »natürlichen Zinsen« abzufischen. Die Fischer sind dabei sowohl für den Fischfang als auch den Schutz der Ökosysteme verantwortlich. Wichtig ist es, Schutzzonen zu errichten, gerade in Gebieten, in denen die Artenvielfalt besonders hoch ist.

ZUSAMMENFASSUNG

In dem Kapitel geht es um die Bestandsaufnahme des Klimawandels und der Biodiversität. IPCC vermittelt die aktuellen wissenschaftlichen Informationen über den Klimawandel. Unsere Erde hat sich bereits um 1,1 Grad erwärmt und wir sind nicht mehr weit entfernt, dass 1,5 Grad Ziel zu überschreiten. Die Erwärmung beschleunigt sich sogar. Im letzten gemessenen Zehnjahreszeitraum stieg die Temperatur um 0,2 Grad an. Die Auswirkungen des Klimawandels spürt jeder und vulnerable Personen besonders. Die Erderwärmung lässt Ökosysteme kippen. Die Auswirkungen des Klimawandels sind irreversibel und steigen nicht-linear an. Der IPBES-Bericht vermittelt die aktuellen wissenschaftlichen Informationen über die Biodiversität. Die Informationen werden dabei zusammen mit Indigenen erstellt. Indigene sind der Natur besonders nah und spüren die Auswirkungen auf die Ökosysteme direkt, haben »Haut im Spiel«. Der Lebensraum Wasser ist in keinem guten Zustand. Feuchtgebiete haben um 85 Prozent abgenommen. 33 Prozent der Fischarten sind überfischt. Der Zustand des

Lebensraums Wald verschlechtert sich ebenfalls. Der Wald speichert 55 Prozent der ausgestoßenen Emissionen. Seit 1970 hat der Waldeinschlag um 45 Prozent zugenommen und die Waldgebiete sind seit der Industrialisierung um 32 Prozent zurückgegangen. Viele Lebewesen sind vom Aussterben bedroht, allein 10 Prozent aller Lebewesen haben nicht mehr genügend Lebensraum, um langfristig zu überleben. Einige Förderungsmaßnahmen, wie zum Beispiel die Förderung von Biosprit, vergessen, Klimawandel und Biodiversität zusammenzudenken. Außerdem sollten Fischbestände nur noch in einer Menge befischt werden, die das Fischkapital bewahrt. Dafür ist es wichtig, die ökonomischen Fehlanreize zu limitieren, sodass Fisch heute einen höheren Wert hat als Fisch morgen.

4.
WIE WIR DEM KLIMAWANDEL BEGEGNEN KÖNNEN
DIE RICHTIGE MITTE FINDEN ZWISCHEN DEN BEIDEN EXTREMEN

Mal angenommen, du könntest auf einen Knopf drücken, der sofort den CO_2-Ausstoß unseres Wirtschaftssystems stoppen würde. Würdest du ihn drücken?

Wahrscheinlich nicht, denn die Konsequenzen dieser Aktion wären fatal. Unsere Nahrungsmittelversorgung, Stromversorgung und Gesundheitsversorgungen würden nicht mehr funktionieren. Nahezu jeder Herstellungsschritt emittiert CO_2. Alltägliche Tätigkeiten wie der Broteinkauf würden nicht mehr wie gewohnt funktionieren. Bei dem Getreideanbau werden Maschinen benötigt, diese Maschinen benötigen Treibstoff. Bei der Verbrennung dieses Treibstoffs wird CO_2 freigesetzt. Die Herstellung der Maschinen benötigt CO_2. Nach der Ernte und Lagerung wird das Getreide weitertransportiert, bis es bei der Bäckerei landet. Für den Transport benötigt man Fahrzeuge. Diese Fahrzeuge emittieren ebenfalls CO_2. Bei dem Bau der Bäckerei werden verschiedene Baumaterialien benötigt. Bei der Herstellung und dem Transport dieser Materialien wurde ebenfalls CO_2 freigesetzt. Bei der Zusammensetzung dieser Materialien wird erneut CO_2 freigesetzt. Damit es in der Bäckerei nicht kalt ist, wird sie beheizt. Wieder wird CO_2 freigesetzt. Das Backen benötigt Strom, und bei der Stromerzeugung wird CO_2 freigesetzt. Wenn der Brotkäufer motorisiert unterwegs war, wird ebenfalls CO_2 freigesetzt. Bei der Herstellung des Fahrzeugs wurde genauso CO_2 freigesetzt. Zu Hause angekommen, kommt das Brot auf einen Teller und wird mit einem Messer geschnitten. Sowohl bei der Herstellung des Tellers wie auch des Messers wird CO_2 freigesetzt.

Zusammengefasst: Selbst bei einfachen Tätigkeiten wie dem täglichen Broteinkauf gibt es unzählige Herstellungsschritte, bei denen CO_2 freigesetzt wird. Mit einem sofortigen CO_2-Ausstoß-Stopp würde unser aktuelles Gesellschaftssystem zusammenbrechen. Ein sofortiger CO_2-Ausstoß-Stopp funktioniert also nicht. Also geht es darum, eine praktische Lösung zu finden, CO_2 möglichst schnell zu reduzieren und möglichst schnell auf einen Ausstoß-Stopp hinzuarbeiten, sodass unsere Gesellschaft dabei nicht gefährdet wird. Unsere größten Risiken durch CO_2 entstehen durch den sofortigen Stopp jeglicher Emissionen oder der zu langsamen Reduzierung. Um das richtige Verhältnis zwischen diesen beiden Extremen auszubalancieren, benötigen wir eine passende Waage. Die Anzeige auf der Waage soll uns anzeigen, wann wir die Emissionen zu langsam oder zu schnell reduzieren. In unserem Wirtschaftssystem können der CO_2-Preis oder soziale Konventionen die Anzeige liefern.

DIE NATUR DES CO_2-AUSSTOSSES

WARUM BENÖTIGEN WIR EINE CO_2-BEPREISUNG?

CO_2 hat keinen eindeutigen Besitzer. Der CO_2-Gehalt in der Atmosphäre gehört allen. Man spricht auch von einem öffentlichen Gut. Öffentliche Güter werden meist übernutzt, weil jeder sie nutzen kann. Damit das Gut nun nicht übernutzt wird, müsste man die Entscheidung anderer bei seiner Nutzungsentscheidung mitberücksichtigen. Diese Koordinierung ist schwierig. Die Konsequenz: Es wird zu viel CO_2 ausgestoßen. Ohne staatlichen Eingriff regelt der Markt das Angebot und die Nachfrage nach CO_2 nicht. Garett Hardin beschreibt dieses Problem in der Tragik der Allmende.[32]

Stell dir eine abgezäunte, öffentliche Weide vor. Jeder Bauer im Dorf kann diese Weide unbegrenzt nutzen. Für eine Zeit sorgen Stammeskriege unter den Bauern, Wilderer, die Kühe erbeuten, und Krankheiten der Kühe für eine natürliche Balance. Die Anzahl der Kühe auf der Weide und der Zustand der Weide sind im Gleichgewicht. Über die Zeit hinweg nehmen aber die Stammeskriege ab, es gibt immer mehr soziale Stabilität. Das Eigentum der Bauern ist besser geschützt. Außerdem können Krankheiten der Tiere durch den medizinischen Fortschritt besser behandelt werden.

Dadurch ergibt sich nun für jeden einzelnen Bauern folgende Situation. Jede weitere Kuh, die er auf die Weide lässt, bringt ihm zusätzlich Milch und damit einen Nutzen ein. Die weitere Kuh auf der Weide reduziert aber auch die vorhandene Nahrungsmenge auf der Weide. Der Gewinn mit der zusätzlichen Kuh ist der des Bauern. Der Verlust der Nahrungsmittel ist der Verlust der Allgemeinheit. Dadurch ist der entstehende Verlust des Bauern nur ein Bruchteil des Gesamtverlusts. Der rationale Hirte wird immer wieder eine

Kuh hinzufügen. Die anderen Bauern tun es ihm gleich. Dadurch kommt es zur Überweidung.

Wie kann diese Überweidung verhindert werden? Zum einen, indem eine bedingungslose soziale Norm etabliert wird. Wir haben zum Beispiel in unserer Gesellschaft die Norm etabliert, dass eine Bank kein öffentliches Gut ist. Es ist allgemein akzeptiert, dass man nicht einfach in eine Bank gehen kann und sie ausraubt. Diese Norm enthält keine Ausnahme. Sie ist fest verankert, und sie wird nicht als einschränkend empfunden. Zum anderen, in dem man die Überbeanspruchung einer Ressource erschwert. Es gibt zum Beispiel einschränkende Regeln für staatliche Parkplätze in der Innenstadt. Die Nutzung einzelner Parkplätze kann nur unter bestimmten Bedingungen erlaubt werden. Ein Parkplatz kann beispielsweise nur für Elektroautos sein. In anderen Fällen benötigt man zum Beispiel ein Parkticket oder einen Parkausweis. Zudem kann mit einer Begrenzung der Parkzeit die Nutzung der Ressource Parkplätze eingeschränkt werden.

Im Folgenden geht es darum, für welche Art von Umweltproblemen die »Banklösung« die bessere ist und für welche Art sich die »Parkticketlösung« besser eignet. Die Banklösung für den kompletten CO_2-Ausstoß ist, wie anfangs erwähnt, nicht umsetzbar. Nutzpflanzen könnten nicht mehr gedüngt werden, Werkzeuge für die Landwirtschaft könnten nicht mehr hergestellt werden, das Essen würde nicht mehr in den Supermarkt und damit auf unseren Teller kommen. Das bedeutet also, dass wir den CO_2-Ausstoß nicht von heute auf morgen stoppen können. Ziel ist es aber, möglichst schnell nur noch so viel auszustoßen, wie die Natur aufnehmen kann, um wieder in ein natürliches Gleichgewicht zu gelangen. Wir können den CO_2-Ausstoß aber unangenehmer machen. Damit befinden wir uns bei der »Parkticketlösung«. Es geht also darum, ein verbindliches Preissignal an Wirtschaft und Verbraucher zu senden, dass CO_2-Ausstoß ein knappes Gut ist. Damit signalisieren wir, dass unsere Umwelt kostbar ist. Zudem signalisieren wir Unternehmen, dass es sich für sie lohnt, in CO_2-Vermeidung zu investieren. Für Verbraucher werden CO_2-arme Produkte kostengünstiger. Je besser und früher dieses Preissignal verbindlich funktioniert, desto schneller bringen wir unser Erdklima wieder in Einklang. Der CO_2-Preis hilft dabei, klimafreundliche Technologie günstiger zu machen gegenüber fossilen Technologien, bis sie schließlich selbst günstiger sind.

Für die Signalisierung durch den Preis gibt es nun zwei Ansätze. Man kann CO_2 besteuern oder man gibt Emissionsrechte aus. Bei der CO_2-Steuer bestimmt man den Preis direkt und steuert dabei indirekt die ausgestoßene Menge an CO_2. Der Emissionsrechtehandel legt hingegen die ausgestoßene CO_2-Menge fest und bestimmt indirekt den CO_2-Preis. CO_2-Preise orientieren sich an deren Vermeidungskosten. Der Vergleich des CO_2-Preises mit dem Schaden einer Tonne CO_2 liefert uns einen Hinweis, ob die Menge der Emissionsrechte zu ambitioniert oder zu wenig ambitioniert ist. Liegt der CO_2-Preis unter dem Schaden einer Tonne CO_2, sollten wir eine niedrigere CO_2-Menge anstreben.

DIE THEORIE ZUR GESTALTUNG DES PARKTICKETS

Für die Gestaltung des Parktickets betrachten wir zuerst die größere Problemklasse der sozialen Kosten. Der soziale Nutzen kann sich vom individuellen Nutzen unterscheiden. Pigou und Aslanbeigu haben drei Variationen des Problems in *The Economics of Welfare* beschrieben.[33] Bei der ersten Variation fehlt demjenigen, der sozialen Nutzen ermöglichen will, die Berechtigung. Das kann zum Beispiel ein Bahnunternehmen sein, das gerne einen freien Zeitslot des Schienennetzes nutzen will, dem aber die Berechtigung verwehrt wird. Die zweite Variation beschreibt das klassische Beispiel von Verursacher und Geschädigten. Ein Kraftwerksbetreiber verursacht mit seinen Treibhausgasemissionen Schäden. Dabei kann es auch viele verschiedene Geschädigte geben: den Landwirt, der durch die Klimaerwärmung Ernteausfälle erleidet, Menschen, die von Fluten betroffen sind, deren Häufigkeit und Intensität durch den Klimawandel zunimmt, aber auch indigene Bevölkerungen, die die Auswirkungen des Klimawandels direkt spüren. Die dritte Variation beschreibt den Fall, in dem Verursacher und Geschädigter vereint sind. Eine Bürgergenossenschaft übernimmt ein regionales Kraftwerk. Die Anwohner profitieren von Stromerträgen des Kraftwerks und tragen gleichzeitig den Schaden. Für die weitere Betrachtung ist der zweite Fall von Verursacher und Geschädigtem entscheidend. Pigous Vorschlag war, dass der Verursacher dem Geschädigten einen Ausgleich in Höhe des Schadens zahlt. Diese Lösung passt zu unserem Fairnessverständnis, dass der Verursacher den Schaden begleicht.

Diesen Ansatz griff Ronald Coase in seinem nobelpreisdotierten Aufsatz »The Social Cost« auf und erweiterte ihn.[34] Er konzentrierte sich auf die wirtschaftliche Gesamtbetrachtung. Führt eine Ausgleichszahlung dazu, dass ein Unternehmen nicht fortbestehen kann, ist es unter Umständen nicht sinnvoll, dass die Ausgleichszahlung geleistet wird. Entscheidend ist dabei, die gesamten wirtschaftlichen Auswirkungen zu berücksichtigen. Sagen wir, ein Eisenbahnunternehmen verliert einen Teil seiner transportierten Güter und beschädigt die Umwelt neben der Eisenbahnstrecke. Die Ausgleichszahlungen sind jedoch so hoch, dass das Bahnunternehmen insolvent wäre. Sagen wir weiter, kein anderes Unternehmen kann mittelfristig die Aufgabe des Eisenbahnunternehmens übernehmen. Andere Unternehmen sind jedoch auf den Transport ihrer Güter durch die Eisenbahn angewiesen. Wenn der Schaden durch die Insolvenz größer ist als der Vorteil durch die Ausgleichszahlung, ist die Ausgleichszahlung in dieser Höhe nicht sinnvoll. In solchen Fällen kann sich die ökonomische Lösung von der rechtlichen Lösung unterscheiden.

Außerdem fließen Transaktionskosten[35] und Grenzkosten[36] in seine Überlegungen mit ein. Sind die Transaktionskosten höher als der Nutzen der Ausgleichszahlung, sollte die Ausgleichszahlung nicht beschlossen werden. Die Reduktion der Transaktionskosten ist dabei sehr wichtig. Bei der CO_2-Bepreisung liefert die CO_2-Steuer oder der Emissionshandel enorme Ersparnisse bei den Transaktionskosten gegenüber individuellen Verträgen zwischen Verursachern und Geschädigten. Stell dir vor, ein Kraftwerksbetreiber müsste individuelle Verträge mit Millionen von Menschen abschließen. Es wird auch schnell klar, wieso die CO_2-Bepreisung staatlicher Regelung benötigt. Außerdem erleichtern moderne Softwaretools Messung und Kontrolle der staatlichen Regelungen. Bei den Überlegungen zu den Grenzkosten geht es darum, ob die Ausweitung um eine weitere Einheit sinnvoll ist. Sollte ein Windrad, Solarpark oder Gaskraftwerk eine weitere Kilowattstunde Strom ins Netz einspeisen oder nicht? Die Kosten-Nutzen-Analyse kann sich dabei über den Zeitverlauf verändern. Das Stromangebot und die Stromnachfrage verändern sich und mit ihnen der Preis. An einem heißen Sommertag ist das Stromangebot aus Photovoltaikanlagen höher als an einem bewölkten Wintertag. Das höhere Stromangebot sorgt dafür, dass der Preis fällt. Andere Kraftwerksbetreiber wie ein Gaskraftwerksbetreiber fahren ab einem gewissen Preis die Auslastung ihrer Kraftwerke herunter, weil sie damit mehr Gewinn machen. Die Stromproduktion der Kraftwerksbetreiber verändert sich und damit auch die ausgestoßene CO_2-Menge. Dies führt dazu, dass sich auch die ideale Ausgleichszahlung für den Schaden von Treibhausgasen verändert.

DER EMISSIONSRECHTEHANDEL

Die Grundidee des Emissionsrechtehandels ist es, die Menge der Emissionsrechte zu steuern. Der Preis ergibt sich dann aus der Menge an Emissionsrechten und der Nachfrage nach Emissionsrechten. Diese Emissionsrechte kann man auch als Emissionszertifikate oder Zertifikate bezeichnen. Der englische Begriff Cap & Trade, übersetzt *Grenze und Handel*, beschreibt die Funktionsweise ausgezeichnet. Eine staatliche Institution legt eine Grenze (Cap) an Zertifikaten fest. Diese werden in einer Auktion versteigert oder kostenlos an die Unternehmen verteilt. Anschließend können die erworbenen Zertifikate gehandelt werden. Es bildet sich ein Marktpreis für Emissionsrechte. Marktteilnehmer, deren Kosten für die Einsparung einer Tonne CO_2 geringer sind als der CO_2-Preis, verkaufen ihre Zertifikate. Marktteilnehmer mit höheren Kosten kaufen die Zertifikate. Dies führt dazu, dass die Emissionen dort eingespart werden, wo es am günstigsten ist, CO_2 einzusparen. Im Idealfall spiegelt der CO_2-Preis die Kosten wider, die anfallen, eine weitere Tonne CO_2 einzusparen.

Der Vorteil des Emissionsrechtehandels liegt darin, dass es eine klare Obergrenze an CO_2-Emissionen gibt. Werden zum Beispiel Emissionsrechte für 1,6 Milliarden Tonnen CO_2 verteilt, dann können maximal 1,6 Milliarden Tonnen CO_2 ausgestoßen werden. Allerdings wird damit auch eine Untergrenze an Emissionen festgelegt. Sind die Emissionsrechte einmal ausgegeben, werden sie auch genutzt. Ein Kraftwerksbetreiber benötigt weniger Emissionsrechte, weil er ein Kohlekraftwerk stillgelegt hat. Er hat Emissionsrechte übrig und verkauft sie an einen anderen Marktteilnehmer. Die Emissionen werden lediglich verlagert. Eine Besonderheit ist das Banking. Emissionsrechte können aufbewahrt werden. Das heißt, ein Versorger kann im Jahr 2022 ein Emissionsrecht für eine Tonne CO_2 erwerben und dieses Recht erst 2025 anwenden. Banking kann zu einer zeitlichen Verschiebung des CO_2-Ausstoßes führen.

Das Banking ermöglicht zwar Schwankungen des CO_2-Ausstoßes gegenüber dem Cap, allerdings bleibt die Summe aller Obergrenzen gleich der Summe der CO_2-Emissionen, wenn das Banking konstant bleibt. Ist der Zeitraum lang genug, kann davon ausgegangen werden, dass die Obergrenze und Untergrenze den tatsächlich ausgestoßenen Emissionen entsprächen.

DIE CO_2-STEUER

Die Grundidee der CO_2-Steuer besteht darin, den Preis für Treibhausgasemissionen festzulegen. Der Preis bestimmt dann indirekt die Menge. Unternehmen mit niedrigeren Kosten werden CO_2-Ausstoß vermeiden, Unternehmen mit höheren Kosten die Steuer bezahlen. Solange der Staat nicht weiß, was es die betroffenen Unternehmen kostet, CO_2 zu vermeiden, weiß er nicht genau, wie viel CO_2 ausgestoßen wird. Eine höhere CO_2-Steuer führt zwar zu einem geringeren CO_2-Ausstoß, die Höhe kann man jedoch nicht genau bestimmen. Die Steuer liefert keine Obergrenze für Treibhausgasemissionen, dafür liefert sie auch keine Untergrenze. Emissionen können bei einem genügend hohen CO_2-Preis auch stärker reduziert werden als zum Einhalten des Pariser Klimaabkommens notwendig. Außerdem liefert die CO_2-Steuer ein verlässliches Preissignal für Unternehmen.

DISKUSSION

Im Emissionshandel schwankt der Preis für CO_2, bei der Steuer ist der CO_2-Preis hingegen fix. Das heißt, der Emissionshandel liefert ein dynamisches Preissignal und die Steuer ein fixes. Der Preis zeigt beim Emissionshandel an, ob es gerade leicht ist, CO_2 einzusparen beziehungsweise die CO_2 Grenze einzuhalten. Ist es gerade leicht, CO_2 einzusparen, sinkt der Preis. Umgekehrt steigt der Preis, wenn es gerade schwer ist, CO_2 einzusparen. Dieses dynamische Signal fehlt bei der Steuer, weil sich der Steuersatz nicht an Angebot und Nachfrage anpasst. Dadurch ist die Lenkungswirkung der Steuer eingeschränkt. Der Steuersatz der CO_2-Steuer signalisiert nicht, wie leicht es gerade ist, CO_2 einzusparen.

Die Auswirkungen des dynamischen Preissignals werde ich im Folgenden erläutern. Ein niedriger CO_2-Preis signalisiert, dass es gerade leicht ist, CO_2 einzusparen. Der Grund können niedrigere Kosten für nachhaltige Technologien sein oder ein Rückgang der Wirtschaftsleistung. Die Kosten für CO_2-Einsparung sind zurückgegangen, dafür wurde es aber auch günstiger, CO_2 auszustoßen. Letzteres sorgt dafür, dass bestehende und zukünftige klimafreundlichere Investitionen unrentabler werden.

Umgekehrt signalisiert ein hoher CO_2-Preis, dass es gerade schwer ist, CO_2 einzusparen. Die Möglichkeiten, CO_2 kostengünstig einzusparen, sind knapp. Diese Knappheit kann zum Beispiel durch ambitionierte Klimaziele, durch hohe Kosten nachhaltiger Technologien oder durch Wirtschaftswachstum entstehen. Der höhere CO_2-Preis macht bestehende und zukünftige klimafreundliche Investitionen rentabler.

Durch den dynamischen Preis können die CO_2-Emissionen kostengünstiger eingespart werden. CO_2 wird dort eingespart, wo es am günstigsten ist, und zu dem Zeitpunkt, zu dem es am rentabelsten ist. Dies führt dazu, dass die Gesamtkosten der CO_2-Vermeidung beim Emissionshandel geringer sind als bei der Steuer. Dadurch sind die durchschnittlichen Kosten pro Person des Emissionshandels zum Erreichen der Klimaziele geringer als die der CO_2-Steuer.

Der dynamische Preis kann allerdings auch zu Instabilitäten führen. Gibt es deutlich zu wenige Emissionsrechte auf dem Markt, steigt der Preis stark an. Diese Kosten merkt am Ende jeder Verbraucher. Dies führt zu starken Preissteigerungen und kann den sozialen Zusammenhalt gefährden.

Umgekehrt können deutlich zu viele Emissionsrechte auf dem Markt den Preis stark einbrechen lassen. Dies führt dazu, dass aktuelle und zukünftige nachhaltige Investitionen unrentabler werden. Ist der Preisverfall zu stark, können sehr viele nachhaltige Investitionen und Forschungsanstrengungen zum Erliegen kommen und das Erreichen der Klimaziele in der Zukunft gefährden. Extreme Preise, egal ob sehr hoch oder sehr niedrig, können die Stabilität in der Gesellschaft gefährden. Deshalb benötigt man im Design des Emissionshandels spezielle Schutzmechanismen, um Instabilitäten durch extreme CO_2-Preise zu vermeiden. Dann kann man den Vorteil der niedrigeren Kosten nutzen, ohne die soziale Stabilität zu gefährden. Ohne entsprechenden Schutzmechanismus sorgt die Steuer für mehr soziale Stabilität.

Bei der Steuer werden außerdem Einnahmen für den Staat generiert und Unternehmen bezahlen für den CO_2-Ausstoß. Beim Emissionshandel hängt das davon ab, ob die Zertifikate versteigert oder kostenlos zugeteilt werden. Aktuell werden circa 50 Prozent der Zertifikate im EU-ETS-Handel versteigert. Werden die Zertifikate komplett versteigert, werden bei gleichem CO_2-Preis bei Steuer und Emissionshandel die gleichen Einnahmen erzielt. Unter dem Strich lässt sich sagen, dass der Emissionsrechtehandel mit Schutzmechanismen und vollständigem Verkauf der Steuer überlegen ist. Ohne diese beiden Zusätze ist die Steuer dem Emissionshandel überlegen, weil sie stabiler ist.

DIE GESCHICHTE DES EU-ETS

Die EU beschäftigte sich seit den 1990er-Jahren intensiv mit dem Klimawandel und der Frage der CO_2-Bepreisung. Zuerst versuchte die EU-Kommission, eine CO_2-Steuer einzuführen, und unterbreitete 1992 einen Vorschlag. Allerdings gab es von mehreren Seiten Gegenwind. Einige Nationalstaaten sahen ihre »staatliche Souveränität« gefährdet, wenn die EU-Kommission Steuern erhebt. Die Erhebung von Steuern ist ein nationalstaatliches Hoheitsrecht. Massiven Widerstand gab es auch vonseiten der Industrielobby UNICE. Sie befürchteten Nachteile im internationalen Wettbewerb. Letztlich wurde der Vorschlag einer EU-weiten CO_2-Steuer 1997 verworfen. Ebenfalls 1997 unterzeichnete die EU das Kyoto-Protokoll. Nachdem die CO_2-Steuer gescheitert war, schlug die EU-Kommission die Einführung eines Emissionshandels vor.

Kyoto-Protokoll und Emissionshandel sind eng verbunden, weil im Kyoto-Protokoll für die Umsetzung eines Emissionshandels plädiert wird. 1993 wurde der europäische Binnenmarkt offiziell eingeführt, und so passte der europäische Emissionshandel auch in die damalige Zeit. Der europäische Handel wurde erweitert und Handelsbarrieren fielen. Vorbild für die erfolgreiche Umsetzung des Emissionshandels war der Emissionshandel für SO_2 in den USA. Die USA hatten Probleme mit saurem Regen, weil die Industrieanlagen zu viel SO_2 ausstießen. Daraufhin führte die USA einen Emissionshandel ein. Die SO_2-Menge konnte kostengünstig reduziert werden und der Emissionshandel wurde zum vollen Erfolg. Der breitere Unternehmerverband UNICE, aber auch spezifischere Verbände wie der CEFIC, der Verband für die chemische Industrie oder der Verband der Zementindustrie unterstützten die Einführung des EU-ETS, weil sie sich durch die Einführung geringere Belastungen als bei der Einführung einer CO_2-Steuer erhofften. Besonders die kostenlose Zuteilung von Zertifikaten in der ersten dreijährigen Testhandelsperiode schien attraktiv. Zusätzlich bot sich einigen Energieversorgern die Möglichkeit zusätzlicher Gewinne. Der CO_2-Preis diente als Grund, die Preise für den Verbraucher zu erhöhen. Für den Verbraucher war die wahre CO_2-Kostenbasis des Energieversorgers nicht auf den ersten Blick ersichtlich.

Ebenfalls positiv standen Teile der Grünen in Deutschland dem Handelsschema gegenüber. Viele NGOs, der World Wildlife Fund (WWF) sowie die Foundation for International Environmental Law and Development (FIELD) unterstützten ebenfalls die Pläne. Bei der Abstimmung der EU-Mitgliedsländer gab es die Besonderheit, dass zehn neue EU-Länder 2004 eingetreten waren und die Zustimmung zum EU-ETS gewissermaßen eine Art zusätzliche Aufnahmebedingung war.

Für die EU-Kommission bot gerade die dreijährige Testphase die Möglichkeit, Konstruktionsfehler zu beseitigen. Außerdem konnte sie die Führung übernehmen, nachdem die USA 2001 erklärt hatten, das Kyoto-Protokoll nicht zu ratifizieren. Bedingung des Protokolls war, dass die unterschreibenden Länder zusammen mindestens 55 Prozent der globalen Erdemissionen vereinen. Nachdem die USA ausgefallen waren, konnte das Ziel nur noch erreicht werden, wenn Russland unterzeichnen würde. Die EU-Kommission konnte daraufhin einen Deal einfädeln, bei dem sie im Gegenzug für eine Mitgliedschaft Russlands in der World Trade Organisation stimmte.

Außerdem ergaben sich Kosten und Umsetzungsvorteile für die EU-Kommission gegenüber den bisherigen Nationalen Allokationsmechanismen (Nationaler Allokationsplan = NAP). Die NAPs waren schwer zu koordinieren für die EU, weil die einzelne EU-Ländern viel Freiheit bei der Ausgestaltung der NAPs hatten. Außerdem war es schwierig, die Einhaltung einzufordern. Diese Einhaltung war aber erforderlich, um das Kyoto-Protokoll einzuhalten. Die legislative Verantwortung lag dabei bei der EU-Kommission. Schätzungen ergaben außerdem, dass pro Jahr durch die Umsetzung eines Emissionshandels gegenüber der NAPs Kosten von circa 2 Milliarden Euro eingespart werden können. Die Kostenersparnis ergibt sich dadurch, dass die Emissionen dort eingespart werden können, wo die Vermeidung am günstigsten ist. Außerdem können Vermeidungskostenunterschiede dynamisch im Jahresverlauf ausgenutzt werden.

KYOTO

Im Kyoto-Protokoll wurde erstmals eine absolute Begrenzung der Treibhausgasemissionen der internationalen Staatengemeinschaft beschlossen. Das Kyoto-Protokoll erlaubt Ländern eine flexible Umsetzung der Treibhausgasreduktion.[37] Die Grundidee war, dass möglichst alle Länder Teil eines Emissionshandelssystems werden. Die EU setzte dies mithilfe des EU-ETS um. Am 1. Januar 2005 wurde The European Union Emission-Trading Scheme (EU-ETS) offiziell gestartet. Aktuell befinden wir uns in der vierten Handelsphase des Emissionsrechtehandelssystems (EU-ETS). Zu Beginn enthielt der EU-ETS 11.500 Großanlagen in der EU-27 aus den Sektoren Strom und Industrie.[38]

TREIBHAUSGASE

Damit deckte er 2005 circa 40 Prozent der gesamten Treibhausgasemissionen der EU ab. Um die Treibhausgase besser miteinander vergleichen zu können, wird das Maß CO_2-Äquivalente verwendet. Die Klimaschädlichkeit jedes Treibhausgases wird auf CO_2 umgerechnet. Ist Methan zum Beispiel 80-mal klimaschädlicher als CO_2, dann entspricht eine Tonne Methan 80 Tonnen CO_2-Äquivalent. 2021 deckte der Emissionshandel bereits 50 Prozent der europäischen Treibhausgasemissionen ab.

80 Prozent der gesamten EU-Treibhausgasemissionen in CO_2e sind dabei CO_2, 11 Prozent Methan, 6 Prozent Lachgase und 2 Prozent Fluorkohlenwasserstoffe.[39] CO_2 stoßen wir aus, wenn wir Strom verbrauchen, heizen, uns fortbewegen, beim Essen oder beim Bauen. Methan entweicht zum Beispiel durch Fäkalien von Rindern, verstärkt durch industrielle Fütterung oder zum Beispiel durch ein Leck in den Gasleitungen oder bei der Öl- und Gasförderung. Lachgas gelangt hauptsächlich durch übermäßige Verwendung von industriellem Dünger in die Atmosphäre. Fluorkohlenwasserstoffe entweichen zum Beispiel durch undichte Stellen in unseren Kühlanlagen.

EU-PRINZIPIEN

Die EU-Kommission verpflichtete die CO_2-Emittenten nach dem Verursacherprinzip zum Erwerb von Emissionsrechten in den beiden Sektoren Stromerzeugung und Industrieanlagen. Dazu wird das Upstreamprinzip angewendet und nicht das Downstreamprinzip. Das heißt, die Kraftwerksbetreiber sind zur Abgabe verpflichtet und nicht der Endverbraucher.

TESTPHASE

In der dreijährigen Testphase wurden Zertifikate zuerst kostenlos verteilt. Stück für Stück wurde aber der Anteil der kostenlosen Zertifikate reduziert. Mittlerweile werden circa 57 Prozent der Zertifikate versteigert. Ein Versorgungsunternehmen erwirbt nun sowohl Zertifikate über die Auktion als auch durch die kostenlose Zuteilung.

VERTEILUNG KOSTENLOSER ZERTIFIKATE

Die Menge an kostenloser Zertifikatezuteilung wird nach drei Faktoren bestimmt. Zum einen nach der Effizienz der 10 Prozent der effizientesten Anlagen im jeweiligen Sektor, zum anderen aufgrund des Risikos, dass die Produktion verlagert wird (Carbon Leakage), und nach dem vergangenen Ausstoß des Kraftwerks.

Außerdem gibt es einen Bereich, in dem der prozentuale Anteil freier Allokation an der Gesamtallokation liegen soll. Liegt der Anteil außerhalb des Bereichs, wird über alle Sektoren proportional die Menge an kostenlos zugeteilten Zertifikaten angepasst.

ZERTIFIKATEABGABE

Am Ende des Jahres geben die eingeschlossenen Unternehmen die Emissionsrechtezertifikate bei der EU-Kommission ab, sonst könnten sie die Zertifikate ja jedes Jahr wiederverwenden. Ein Emissionsrecht erlaubt es, genau eine Tonne CO_2-auszustoßen. Will ein eingeschlossenes Unternehmen 3 Tonnen CO_2 im Jahr ausstoßen, so ist es verpflichtet, 3 Emissionsrechte bis Jahresende zu erwerben. Entscheidend ist nicht, wie viele Emissionsrechte ein Unternehmen unter dem Jahr besitzt, sondern wie viel es am Jahresende besitzt. Am Jahresende wird ermittelt, wie viele Emissionen das Unternehmen verursacht hat und wie viele es laut den gekauften Zertifikaten hätte verursachen dürfen. Die geplanten und die tatsächlichen Emissionen eines Unternehmens können im Laufe des Jahres schwanken. Diese Schwankungen können Unternehmen ausgleichen, indem sie weitere Emissionsrechtezertifikate an der Börse erwerben oder verkaufen.

Am Ende des Jahres sind dann die betroffenen Unternehmen verpflichtet, anzugeben, wie viele Tonnen CO_2 sie ausgestoßen haben. Für diese Menge sind sie verpflichtet, die entsprechende Menge an CO_2-Zertifikaten vorzuhalten. Die vorgehaltene CO_2-Menge geben sie dann bei der EU-Kommission ab, und damit erlischt das Emissionsrecht. Sollte ein Unternehmen seiner Pflicht zur Zertifikateabgabe nicht gerecht werden, drohen Bußgelder von mehr als 100 Euro/Tonne CO_2 und die Pflicht zur Abgabe der Zertifikate erlischt nicht.[40]

Die Hälfte der Zertifikate wird aktuell kostenlos zugeteilt. Warum? Der Grund liegt im internationalen Handel. Ohne Grenzausgleich sind EU-Unternehmen gegenüber Unternehmen, die Ware in die EU einführen, benachteiligt, weil sie für CO_2-Zertifikate bezahlen müssen. Dies würde zum Verlust der internationalen Konkurrenzfähigkeit europäischer Unternehmen führen. Deshalb benötigt es einen Grenzausgleich.

DER GRENZAUSGLEICH

Ab 2023 wird ein CO_2-Grenzausgleich Carbon Border Adjustment Mechanism kurz CBAM eingeführt. Von 2023 bis 2026 ist ein Testmodus mit Reporting vorgesehen, mit freier Allokation. Ab 2026 sollen schrittweise 10 Prozent mehr der kostenlosen Zertifikate versteigert werden, bis es 2035 keine kostenlosen Zertifikate mehr geben wird.[41]

Die Versteigerung ermöglicht Mehreinnahmen und einen faireren Wettbewerb für Marktneulinge. Marktneulinge profitieren nicht von kostenlosen Zuteilungen aufgrund von historischen Emissionen. Je mehr Zertifikate versteigert werden, desto fairer ist der Wettbewerb. Auf die Anzahl der ausgestoßenen Emissionen hat die Verteilung der Zertifikate keinen unmittelbaren Effekt. Die Anzahl bestimmt das Cap.

DAS CAP

Nach der dreijährigen Testphase bis 2008 wurde in der zweiten Handelsperiode von 2008 bis 2012 das Cap konstant gehalten. Erst in der dritten Handelsphase wurde ein linearer Reduktionsfaktor von 1,74 Prozent eingeführt. Anbei eine Übersicht zur zweiten und dritten Handelsphase. Die ausgestoßene Menge ist in Millionen Tonnen CO_2e angegeben.[42]

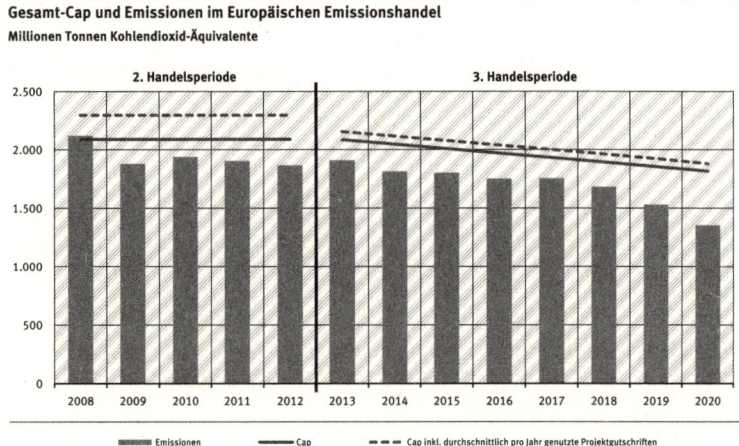

Gesamt-Cap und Emissionen im Europäischen Emissionshandel
Millionen Tonnen Kohlendioxid-Äquivalente

Quelle: Umweltbundsamt 2021, Deutsche Emissionshandelsstelle, eigene Berechnungen auf Basis von Daten der Europäischen Umweltagentur und der Europäischen Kommission (2013/448/EU); Stand 08.07.2021

Das Cap liegt 2021 bei 1,57 Milliarden Tonnen CO_2e. Es dürfen also in den eingeschlossenen Sektoren Treibhausgase im Gegenwert von 1,57 Milliarden Tonnen CO_2 ausgestoßen werden.[43]

Dieses Cap wird jedes Jahr ab 2021 um den jährlichen Reduktionsfaktor von 2,2 Prozent gesenkt. Das entspricht in etwa Zertifikaten für 43 Millionen Tonnen CO_2. Zusätzlich werden bis 2024 einmalig Zertifikate für 117 Millionen Tonnen CO_2 gelöscht. Das entspricht einer weiteren Reduktion von circa 40 Millionen Tonnen CO_2 pro Jahr im Zeitraum 2021–2024. Dadurch ist der Reduktionsfaktor ab 2021 de facto schon bei 4,2 Prozent. 4,2 Prozent ist dabei der Wert für den Reduktionsfaktor.[44]

PREIS

Die folgende Übersicht zeigt die Preisentwicklung der Emissionsrechte:[45]

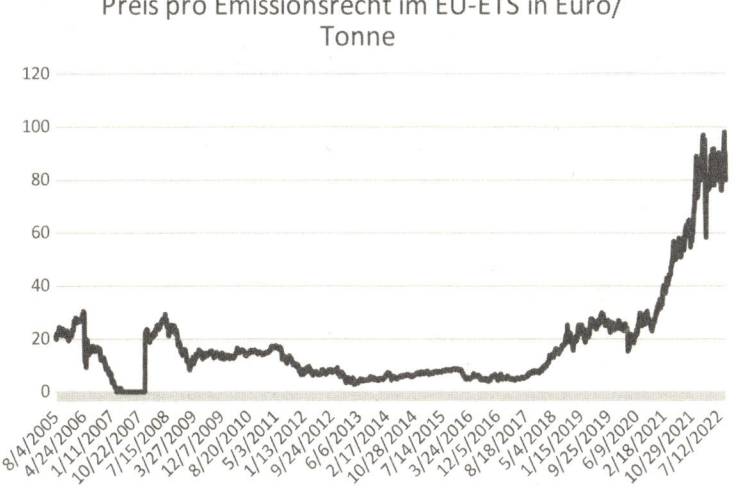

Preis pro Emissionsrecht im EU-ETS in Euro/Tonne

Das Recht, eine Tonne CO_2 auszustoßen, kostete Anfang 2022 70 Euro. Dieses Recht wird auch EU-Allowance (EUA) genannt. Nachdem der Preis der EUAs um 2013 sehr niedrig war, wurden 2014 900 Millionen überschüssige Zertifikate vom Markt genommen. Ursprünglich war geplant, diese Zertifikate nach 2019–2020 zu verschieben (Backloading). Nachdem dies aber nur moderate Auswirkungen auf den Preis hatte und die Gesamtmenge an CO_2e-Emissionserlaubnis unverändert geblieben war, wurde die Marktstabilitätsreserve (MSR) beschlossen.

MARKTSTABILITÄTSRESERVE

Die Marktstabilitätsreserve funktioniert wie folgt: Zuerst wird die gesamte im Umlauf befindliche Zertifikatemenge (TNAC) von der EU-Kommission bestimmt. Existiert nun ein Überschuss von mehr als 833 Millionen Zertifikaten (EUA) werden 24 Prozent der Versteigerungsmenge in die Marktstabilitätsreserve überführt. Die Umlaufmenge (TNAC) lag 2021 bei 1.580 Millionen Zertifikaten. Es existierte ein Überschuss von mehr als 833 Millionen Zertifikaten, also werden 24 Prozent der versteigerten Zertifikate in die Marktstabilitätsreserve überführt. Konkret werden in der Handelsperiode von September 2021 bis zum August 2022 378.905.382 Zertifikate weniger auktioniert und in die Marktstabilitätsreserve überführt. Sollte der Zertifikateüberschuss unter 400 Millionen EUAs fallen, werden 200 Millionen Zertifikate mehr versteigert, wenn noch mehr als 200 Millionen Zertifikate in der MSR sind. Dieser Fall ist bisher noch nicht eingetreten, aber kann in Zukunft eintreten, wenn die Zertifikatemenge hinreichend verknappt wird. Dies wird ab 2023 wahrscheinlicher. Ab 2023 werden Überschüsse in der Marktstabilitätsreserve, die größer als die vorjährige Auktionsmenge ist, gelöscht; aktuell in etwa zwei Milliarden EUAs. Die Löschung von zwei Milliarden EUAs sorgt dafür, dass zwei Milliarden Tonnen CO_2 weniger in die Atmosphäre ausgestoßen werden. 2024 wird dann nach dieser Löschung die Quote der Überführung von Zertifikaten in die MSR wieder von 24 Prozent auf 12 Prozent angepasst. Greifen wir erneut das obige Beispiel auf. Sagen wir, es gibt 2024 eine Umlaufmenge (TNAC) von 1.580 Millionen Zertifikaten und einen Überschuss von mehr als 833 Millionen Zertifikaten. Dann werden im Auktionszeitraum von 2024 bis 2025 12 Prozent der Umlaufmenge in die MSR überführt, also 189.452.691 Zertifikate.[46, 47]

FREIWILLIGE LÖSCHUNG

Zusätzlich zur einmaligen Löschung von Zertifikaten 2023 können Mitgliedsstaaten freiwillig Zertifikate löschen. Ein Mitgliedsland wie Deutschland könnte sich zum Beispiel entscheiden, den Kohleausstieg bis 2030 vorzuziehen. Durch die Stilllegung der Kraftwerke werden weniger CO_2-Emissionen ausgestoßen. Die Eigentümer der Kraftwerke benötigen nun weniger Zertifikate. Ohne Eingriff würden in dem Fall mehr Zertifikate für andere Unternehmen zur Verfügung stehen, es würde wahrscheinlich zur Verlagerung von Emissionen kommen, auch bekannt als Wasserbetteffekt nach Hans-Werner Sinn. Man legt sich also ins Wasserbett und auf der Liegefläche verdrängt man das Wasser. Das Wasser aber verschwindet nicht, sondern verteilt sich nur auf die Ränder des Bettes. Analog ist es mit dem CO_2. Das nicht ausgestoßene CO_2 im deutschen Kohlekraftwerk führt zu niedrigeren Preisen. Dadurch wird es zum Beispiel für einen deutschen Stahlhersteller lukrativer, mehr CO_2 auszustoßen. Er erhöht seine Emissionsmenge und der Effekt des Kohleausstiegs verpufft. Eine Löschung von Zertifikaten oder andere potenzielle, zusätzliche Maßnahmen können den Effekt abschwächen. Es gibt aber noch die zusätzliche Möglichkeit, dass Mitgliedsstaaten freiwillig EUAs löschen und somit den Verlagerungseffekt verhindern.

Allerdings gibt es dabei ein Anreizproblem für den jeweiligen Mitgliedsstaat. Löscht ein einzelner Staat Zertifikate, so führt das zwar zu einer Reduktion der Emissionen in der EU. Allerdings gehen dem jeweiligen Staat auch die Einnahmen der nicht verkauften

Zertifikate verloren. Es bedarf also einer noblen Haltung des Staates oder einer einfacheren Lösung.

Mehr dazu im Kapitel unter Erdtemperierungshandel.[48]

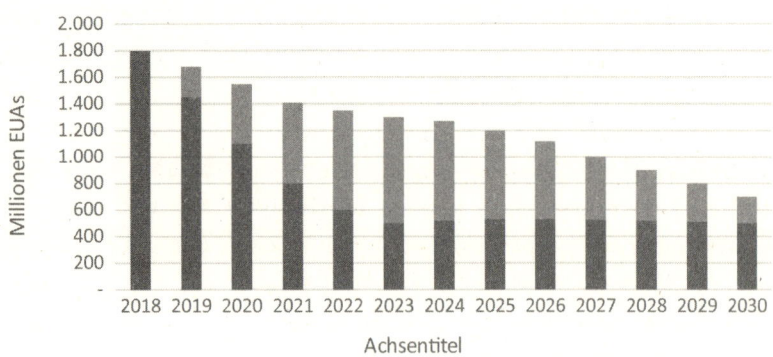

Überschussentwicklung 2018-2030

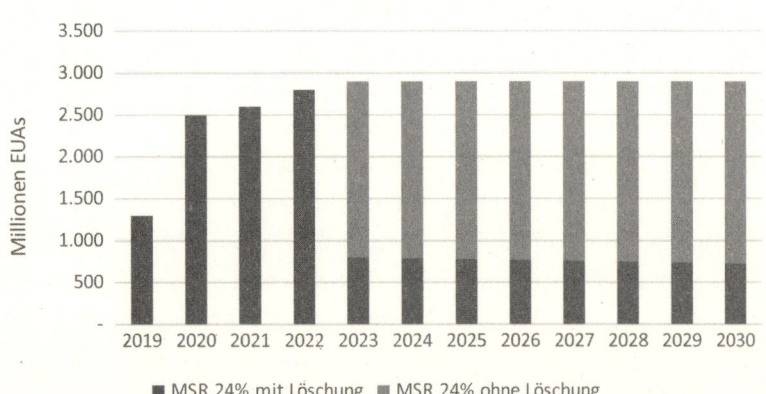

MSR-Bestand mit Löschungsmechanismus 2019-2030

ERWEITERUNG LUFTVERKEHR

Mittlerweile wurde der EU-ETS-Handel um die Sektoren See und Luftverkehr erweitert. Für den Luftverkehr gibt es ein Cap von 24,5 Millionen Zertifikaten. Davon werden 82 Prozent frei zugeteilt, 3 Prozent sind für neue Markteintritte reserviert und 15 Prozent der Zertifikate werden versteigert. Die frei zugeteilten Zertifikate werden auf Basis der 2010 geflogenen Kilometer verteilt. Zudem gibt es eine Untergrenze, ab der Flüge nicht mehr mit einbezogen werden. Darunter fallen zum Beispiel Flüge mit kleinen Privatflugzeugen. Es gibt ein eigenes Cap für den Luftverkehr, allerdings können die Zertifikate vom bestehenden CO_2-Handel ohne Begrenzung genauso erworben werden.

Problematisch ist dabei, dass nur die Emissionen des Flugverkehrs berücksichtigt werden und nicht die Effekte aufs Klima. Fliegen hat in etwa den 2–5-fachen Effekt des reinen Emissionsausstoßes. Vereinfacht gesagt werden Substanzen, die beim Fliegen ausgestoßen werden, in der Luft weniger schnell abgebaut als am Boden.[49]

Ab 2024 werden jedes Jahr 25 Prozent mehr versteigert, bis 2027 sollen 100 Prozent versteigert werden. Für außereuropäische Flüge ist CORSIA (Carbon Offsetting and Reduction Scheme for International Aviation) angedacht. Ziel ist es, Wachstum in der internationalen Luftfahrt CO_2-neutral zu erzielen. Dazu sollen für außereuropäische Flüge Kompensationszertifikate erworben werden. CO_2 soll andernorts »kompensiert« werden, das heißt, es soll andernorts CO_2 eingespart werden. Allerdings ist die Höhe der Einsparungen oft zweifelhaft. Mehr dazu in diesem Kapitel unter dem Unterpunkt Greenwashing durch CO_2-Kompensation.[50]

ERWEITERUNG SEEVERKEHR

Für den Seeverkehr werden 79 Millionen neue Zertifikate ausgegeben und in den bestehenden EU-ETS-Handel eingegliedert. 2023 werden 20 Prozent der Zertifikate versteigert, 2024 45 Prozent, 2025 70 Prozent, 2026 100 Prozent. Auch im Schiffsverkehr werden Schiffe erst ab einer gewissen Größe in den Zertifikatshandel eingeschlossen. Circa 90 Prozent der Emissionen sind eingeschlossen.[51]

NEUER EU-ETS-HANDEL

Ab 2026 soll für die Sektoren Straßenverkehr und Gebäude ein neuer Emissionshandel EU-ETS 2 geschaffen werden. Straßenverkehr ist für 22 Prozent der Emissionen verantwortlich, Gebäude für 35 Prozent. Der Reduktionsfaktor soll zwischen 5,15 Prozent und 5,43 Prozent liegen.[52]

KOMPENSATIONSMÄRKTE

Außerdem gab es zu Beginn unter anderem auf Wunsch der Industrie Kompensationsmärkte. Diese Kompensationsmärkte · führten, wie von einigen befürchtet, schnell zu einem Überangebot. Aber mehr dazu in einem Unterpunkt.[53]

DIE BEDEUTUNG DES CAPS
UND DER ÜBERSCHÜSSE

Der EU-ETS-Handel hat, wie bereits besprochen, ein Cap an Zertifikaten, das heißt, es gibt eine Maximalanzahl an Zertifikaten, die versteigert werden, und dieses Cap wird jedes Jahr um einen linearen Reduktionsfaktor reduziert, aktuell um 2,2 Prozent jedes Jahr. Das Cap legt eine verbindliche Obergrenze für CO_2-Emissionen der eingeschlossenen Sektoren fest und ist fundamental für das Einhalten des Pariser Klimaabkommens. Die Menge an Zertifikaten ist maßgeblich für die Emissionen der Sektoren mit Emissionshandel. Theoretisch liefert die Höhe des Caps eine starre Untergrenze und Obergrenze. In der Praxis wird die Untergrenze jedoch durch die Möglichkeit von Banking und der Marktstabilitätsreserve aufgeweicht. Banking heißt, dass man Emissionsrechte in einem Jahr erwerben kann und später erst einsetzt. Banking verschiebt die Emission allerdings nur über die Zeit. Bei der Marktstabilitätsreserve kommt es darauf an, wie diese in Zukunft gestaltet wird. Werden Zertifikate gelöscht, so wird die Untergrenze nachhaltig flexibler gemacht. Auf die Ausgestaltung der Marktstabilitätsreserve werde ich bei der Weiterentwicklung noch detaillierter eingehen. Mehr Flexibilität bei der Untergrenze gibt klimafreundlichen Technologien mehr Entfaltungsraum. Außerdem führen Wachstumseinbrüche dann nicht zu einem enormen Überangebot an Zertifikaten.

Die Obergrenze sollte in der Theorie auch starr sein, wird aber in der Praxis durch den Gutschriftenmarkt wirkungsloser. Beim Gutschriftenmarkt können CO_2-Einsparungsprojekte umgesetzt werden. Die CO_2-Einsparungen werden dann als Gutschriften an Unternehmen verkauft, die ihre Emissionen »kompensieren« wollen. Diese Rechnung geht aber nur dann auf, wenn genauso viel CO_2 eingespart wird, wie ausgestoßen wird. Das Thema wird aber noch ausführlicher in diesem Kapitel unter dem Unterpunkt Greenwashing durch CO_2-Kompensation erläutert.

Zum Glück wurde die Möglichkeit, CO_2-Kompensationen anzuerkennen, bereits eingeschränkt. In der EU ausgestoßene Emissionen können durch anderweitige Emissionsminderungsprojekte im Ausland meist in Entwicklungsländern kompensiert werden. Man bekommt für die Emissionsminderungsprojekte CER- und ERU-Zertifikate, die dann in EUAs, also die europäischen Emissionsrechte umgewandelt werden können. Kompensationen konnten teilweise für weniger als einen Euro pro Tonne erworben werden. Bestenfalls wurde durch die Kompensation genauso viel CO_2 ausgestoßen, schlechtestenfalls deutlich mehr. Die Anreizsysteme förderten, dass oft der schlechtere Fall eintrat. Ob Kompensation zum Preis von 1 Euro pro Tonne realistisch ist, überlasse ich dem Leser. Neben der ökonomischen Fragwürdigkeit gab es oft auch negative Effekte der Kompensationsprojekte für regionale Bevölkerungsgruppen vor Ort. Die Rechte Indigener wurden beispielsweise beschnitten, um »Waldgebiete vor dem Abholzen zu schützen«. Man konnte sich kostengünstig der Verantwortung entziehen.

In vergangenen Handelsperioden führte der Kompensationsmechanismus zu einem starken Preisverfall. Einige Unternehmen kompensierten lieber, statt zu reduzieren. Die Nachfrage nach Kompensation stieg, die nach Emissionsrechten sank. Die starre Obergrenze wurde aufgeweicht und damit das Herzstück des Emissionshandels beschädigt. Durch die Festlegung der Menge soll sich der Preis für die Vermeidung unter den Marktakteuren bilden. Ohne Mengenbegrenzung keine Wirkung. Mittlerweile hat die EU-Kommission das Problem erkannt. Zuerst wurden die Anrechnungen eingeschränkt, Aufforstungsprojekte oder große Wasserkraftprojekte waren nicht mehr anrechenbar. Seit 30.04.2021 ist der Umtausch von Gutschriften in EUAs überhaupt nicht mehr möglich.[54]

VOM EMISSIONSHANDEL ZUM ERDTEMPERIERUNGSHANDEL

Genauso wie Ronald Coase die Ideen Pigous erweiterte, ist es wichtig, die Idee des Emissionshandels zu verbessern und mit einem breiteren Ziel zu versehen. Unter Pigou galt: Der Verursacher zahlt dem Geschädigten eine Ausgleichzahlung in Höhe des Schadens. Coase erweiterte diesen Ansatz, indem er die Folgen dieser Ausgleichzahlung mit einbezieht. Für den verbesserten Emissionshandel verwende ich ab hier den Begriff Erdtemperierungshandel. Der Erdtemperierungshandel ist somit die hier von mir vorgeschlagene verbesserte Version des Emissionshandels.

> Der Erdtemperierungshandel versucht, die Erdtemperatur auf ein nachhaltiges Niveau einzupendeln und Emissionen möglichst kostengünstig einzusparen.

Dabei ist es wichtig, erfolgreich zwischen den Extremen durchzunavigieren. Wir können den CO_2-Ausstoß nicht sofort abschalten, aber auch nicht so weitermachen wie bisher. Daher schauen wir uns die Grundannahmen hinter dem aktuellen Emissionshandel mal etwas genauer an.

Die Wissenschaft weiß ungefähr, wie viel CO_2 wir noch ausstoßen dürfen. Daraus könnten wir dann jährliche CO_2-Obergrenzen ableiten und über die einzelnen Jahre den Pfad. Dieses Ziel würde man dann durch den Emissionshandel erreichen, indem man CO_2 dort einspart, wo es am kostengünstigsten ist. Ist der Preis hoch genug, lohnt es sich in CO_2-armes Angebot zu investieren oder Wirtschaftsaktivität einzustellen. Möglichst globale Lösungen sind kosteneffizienter.

Ein Emissionshandel kann den CO_2-Ausstoß begrenzen, evolutionäre Verhaltensänderungen bewirken und bestehende relativ kostengünstige CO_2-arme Technologie weiterverbreiten. Er gestaltet den Wandel aber nicht sozialverträglich ohne Ausgleich. Er tut sich schwer, neues CO_2-armes Technologieangebot zu schaffen und mit Extremsituationen wie Angebotsschocks oder technologischen Entwicklungen gut umzugehen. Der Emissionshandel löst Teilprobleme gut, ist aber noch zu unflexibel.

ANNAHMEN, DIE NÄHER AN DER REALITÄT SIND

Die Wissenschaft weiß mit kleinen Einschränkungen, wie viel CO_2 wir noch ausstoßen dürfen. Die Prognosen können sich aber auch deutlich verschärfen. Wir haben eine Mindestgrenze an CO_2, die sich dynamisch nach unten verschieben kann, wenn gewisse Kipppunkte in CO_2-Speicherungssystemen erreicht werden. CO_2-arme Wirtschaftsleistung, wie erneuerbare Stromerzeugung, entsteht nicht von selbst, aber wenn sie relativ kostengünstig ist, sorgt ein günstigerer Preis für eine beschleunigte Anpassung. Regionale Lösungen können stabiler sein und effektivere langfristige Anreize geben.

Der Erdtemperierungshandel hätte einen Mindestpreis, ab dem er Erderwärmungsrechte vom Markt kauft. Die Institution hinter dem Erdtemperierungshandel träte als Käufer von Erderwärmungsrechten auf, wenn ein Verkäufer zu Preisen unter oder gleich dem Mindestpreis Rechte anböte. Der Unterschied zu anderen Käufern wäre, dass die zuständige Institution die Erderwärmungsrechte verfallen lassen und nicht anwenden würde.

Außerdem gäbe der Erdtemperierungshandel die Möglichkeit, einer zu starken Verknappung der Erderwärmungsrechte entgegenzuwirken. Der Erdtemperierungshandel könnte kurzfristig Erderwärmungsrechte verkaufen unter der Bedingung, dass er verpflichtet ist, diese über einen Zeitraum von zehn Jahren wieder vom Markt zu kaufen. Diese Bedingung ist wichtig, damit sichergestellt ist, dass das Klima nicht noch stärker erhitzt wird.

Man würde mit dem Ankaufmechanismus vorbeugen, dass die Emissionseinsparungsanreize zu gering sind und sich klimafreundliche Investitionen nicht auszahlen. Mit dem Verkauf von Erderwärmungsrechten sorgte man dafür, dass das gesellschaftliche System stabil bleibt und auch mit einer Angebotskrise klarkommen könnte. Zudem benötigte der Erdtemperierungshandel eine neue institutionelle Lösung. Um die Anreize in jedem Sektor hochzuhalten, sollte der Erdtemperierungshandel für jeden Sektor extra bestehen. Jeder Sektor hat seine eigenen Herausforderungen, und dafür benötigt es plurale Lösungen.

EMISSIONSZERTIFIKATE WERDEN ZU ERWÄRMUNGSZERTIFIKATEN

DEFINITION ERDERWÄRMUNGSZERTIFIKAT

Ein Erderwärmungszertifikat ist das Emissionsrechtezertifikat des Erdtemperierungshandels. Der Begriff soll verdeutlichen, dass die Abgabe eines Erderwärmungszertifikates bedeutet, dass die Erde durch den Abgebenden erwärmt wurde.

Der Begriff des Emissionshandels verbildlicht, dass wir Emissionen einfach wie jede andere Ware handeln können. Er vermittelt den Eindruck, dass wir einen weiteren Bereich zum Markt erklären und durch Handel das Problem lösen. Dabei sollten wir den Zweck des Emissionshandels deutlicher herausstellen. Der Handel ist kein Selbstzweck. Es geht darum, die Erwärmung der Erde möglichst effektiv zu stoppen. Die bisherige Namensgebung wird diesem Umstand noch nicht gerecht. Fakt ist: Treibhausgasemissionen erwärmen unseren Planeten.

Unsere aktuelle Gesellschaft ist noch von fossilen Energieträgern und damit vom Ausstoß von Treibhausgasen abhängig. Deshalb können wir nicht den gesamten CO_2-Ausstoß auf einmal stoppen. Wir benötigen also einen Mechanismus, der uns die nötigen Emissionen für die Stabilität unserer Gesellschaft erlaubt. Dieses Recht gewähren wir uns als Gesellschaft zu unserem eigenen Wohl. Gleichzeitig benötigen wir einen Mechanismus, der die Funktionsfähigkeit unserer Gesellschaft möglichst schnell vom Ausstoß von Treibhausgasen entkoppelt. Wir gewähren also uns als Gesellschaft ein Recht der Erderwärmung und etablieren zugleich einen Mechanismus, diese möglichst schnell zu stoppen. Der Begriff Erderwärmungsrecht zeigt klar auf, was beim Erwerb und Einlösen des

Zertifikats passiert. Man erwärmt die Erde! Man kann diese Rechte aber auch erwerben, ohne sie anzuwenden. Dies entspricht in etwa der Kohle, die im Boden begraben liegt und nicht ausgebuddelt wird. Außerdem soll aus dem Emissionshandel ein Erdtemperierungshandel werden. Die Temperierung funktioniert wie bei einer Sanduhr. Wir haben eine begrenzte Menge an Sandkörnern, die wir noch ins nächste Glas, die Erdatmosphäre, lassen dürfen. Die Öffnung regelt die Geschwindigkeit, und die Menge an Sandkörnern ist durch die Wissenschaft festgelegt. Irgendwann ist die festgelegte Sandkornmenge auf der anderen Seite. Je nach Stand der Wissenschaft können wir mit dem Erdtemperierungshandel die Menge der Sandkörner temperieren. Wichtig ist dabei, dass jedes Sandkorn den gleichen Effekt hat. Das Sandkorn, das heute in die Atmosphäre gepustet wird, genauso wie das von morgen. Jede gesellschaftliche Lebenssekunde hat das gleiche Recht auf ein stabiles Klima.

In der Investmentwelt berechnet man den Wert einer Investition, indem man zukünftige Gewinne mit einem geeigneten Zinssatz abzinst. Das heißt, 100 Euro heute sind mehr wert als 100 Euro morgen. Wie viel mehr, das hängt vom Zeitunterschied und vom Zinssatz ab. Da bei uns aber jedes Sandkorn gleich viel wert ist, ist unser Abzinssatz 0. Das heißt, wir schaffen damit Gleichheit für jede gesellschaftliche Lebenssekunde.

Zu niedrige Preise für eine Erderwärmungseinheit heute führen zu höheren Preisen für die Erderwärmung morgen. Was sollten daher unsere Bestrebungen beim Erdtemperierungshandel sein? Unser Ziel sollte es sein, eine Preisstabilität für die Erderwärmungsrechte zu erreichen. Dies bekommen wir am ehesten hin, wenn wir in unserem Handel auch die Möglichkeit einer Mengensteuerung erlauben, zum Beispiel in Form eines Mindestpreises. Dieser Mindestpreis liefert die nötige Stabilität für Klimaschutzinvestitionen.

EINE NEUE INSTITUTION SCHAFFEN – DIE EUROPÄISCHE KLIMABANK

Um aus dem Emissionshandel einen Erdtemperierungshandel zu machen, benötigt es auch eine neue institutionelle Lösung. Der Erdtemperierungshandel benötigt eine balancierende Komponente für sehr hohe und sehr niedrige Preise. Die Steuerung der Treibhausgasmenge ist dabei ähnlich zentral für unser Zusammenleben wie die Steuerung der Geldmenge durch die Europäische Zentralbank. Deshalb benötigt es eine europäische Klimabank nach dem Vorbild der Europäischen Zentralbank. Dadurch können Ökologie und Ökonomie stärker vereint werden. Der Erdtemperierungshandel bedarf außerdem weniger Reformen, weil bereits zuvor ein Handlungsrahmen für die Entscheidungsträger des Europäischen Klimarats mit entsprechenden Instrumentarien abgesteckt wird. Dadurch kann mehr Vertrauen aufgebaut werden als durch ständiges Reformieren des EU-ETS, und Vertrauen ist die Währung unserer Gesellschaft. Zudem kann Klimaschutz schneller und effektiver umgesetzt werden, und die Umsetzung von Entscheidungen erfolgt schneller.

Um Rückschlüsse für den Aufbau der europäischen Klimabank zu ziehen, schauen wir uns nun den Aufbau der EZB an. Die Europäische Zentralbank steuert die Geldmenge und den Zinssatz und ist für die Überwachung des Bankensektors zuständig. Ziel ist es dabei, die Wirtschaft mit ausreichend Geld zu versorgen, ohne die Preisstabilität zu gefährden.

DAS TEMPERATURZIEL ALS LEITZIEL

Droht ein zu starker Anstieg der Preise, kann die Zentralbank die Geldmenge verknappen und die Zinsen erhöhen. Das oberste Ziel der EZB ist die Preisstabilität. Das Ziel ist dabei eine mittlere Inflation von 2 Prozent. Überschreitungen und Unterschreitungen sind gleichermaßen unerwünscht. Übergangsphasen zur mittleren Inflation von 2 Prozent werden toleriert.[55]

Auch eine europäische Klimabank benötigt ein übergeordnetes Ziel. Analog zu den Effekten der Geldmengensteuerungen sollten beim europäischen Klimarat die Effekte der Treibhausgassteuerung sein. Zu viel Geld führt zu viel Preissteigerung. Zu viel CO_2-Ausstoß führt zu einem zu starken Temperaturanstieg. Oberstes Ziel einer europäischen Klimabank sollte daher die Einhaltung eines Temperaturziels sein. Dieses Ziel sollte sich an den aktuellen wissenschaftlichen Erkenntnissen orientieren, insbesondere der Beiträge des IPCC-Berichts. Dabei sollte sich das Ziel auf den europäischen Beitrag konzentrieren. Laut aktuellem Stand der Wissenschaft ist ein 1,5–2 Grad Ziel angebracht.

DIE RECHTLICHE VERANKERUNG DES EUROPÄISCHEN KLIMARATS

Weiter geht's mit der rechtlichen Verankerung der EZB. Die Zentralbank ist dabei unabhängig von der europäischen Staatengemeinschaft, und einzelne Regierungen können der EZB keine Weisungen erteilen. Die EZB darf zum Beispiel keine direkten Kredite an staatliche Institutionen vergeben. In der Wahl der geldpolitischen Instrumente ist die EZB frei und darf sowohl konventionelle geldpolitische Instrumente verwenden als auch neue beschließen. Die EZB ist für ihr Handeln rechenschaftspflichtig vor dem Europäischen Parlament und ist verpflichtet, mindestens vierteljährig Berichte über ihre Tätigkeit zu erstellen.[56]

Die europäische Klimabank sollte ebenfalls unabhängig handeln können. So kann sie auch als Gegenspieler zur Politik auftreten, wenn diese zu wenig für den Klimaschutz unternimmt. Außerdem kann sie leichter unpopuläre Entscheidungen treffen, weil sie der Sache verpflichtet ist und nicht so sehr von der gesellschaftlichen Popularität abhängig ist. Im Idealfall ist es aber ein Miteinander zwischen den nationalstaatlichen Umweltanstrengungen und der Steuerung durch die europäische Klimabank. Auch sollte es Staaten nicht möglich sein, Erderwärmungsrechte direkt von der Europäischen Klimabank zu erwerben. Außerdem sollte sie frei in der Wahl ihrer Instrumente sein, aber dem Europäischen Parlament rechenschaftspflichtig.

DIE GREMIEN DER EUROPÄISCHEN KLIMABANK

Die EZB besitzt einen EZB-Rat und das EZB-Direktorium. Der EZB-Rat wird durch die nationalen Notenbankchefs besetzt. Allerdings gibt es weniger Stimmrechte als nationale Notenbankchefs. Deshalb gibt es ein Rotationsprinzip, das festlegt, welche nationalen Notenbankchefs gerade im EZB-Rat sind. Das Rotationsprinzip funktioniert wie folgt: Deutschland, Frankreich, Italien, Niederlande und Spanien halten vier Stimmrechte. Das heißt, vier der fünf Länder stellen ihren nationalen Notenbankchef im EZB-Rat, während eines pausiert. Die restlichen Euromitgliedsländer haben 11 Stimmrechte und es wird ebenfalls analog rotiert. Die Zuweisung des Stimmrechts wechselt dabei monatlich. Dauerhafte Stimmrechte haben die EZB-Direktoriumsmitglieder.[57] Das EZB-Direktorium besteht aus EZB-Präsidentin und EZB-Vizepräsident und vier weiteren Mitgliedern. Alle Direktoriumsmitglieder werden vom EZB-Rat gewählt.

Das EZB-Direktorium bereitet die EZB-Ratssitzungen vor, und der EZB-Rat beschließt sie gegebenenfalls.[58]

Die europäische Klimabank sollte ebenfalls mit einem Rat und einem Direktorium nach Vorbild der EZB organisiert sein. Das Rotations- und Stimmrechtsprinzip im EZB-Rat kann für den Europäischen Klimarat übernommen werden. Dabei setzt sich der Rat aus den nationalen Chefs der Umweltbundesämter zusammen. Zusätzlich sollte es ein Klimadirektorium geben, mit Klimaratschef und Stellvertreter und weiteren Mitgliedern aus dem EKR, die vom EKR gewählt werden. Außerdem müsste mindestens eine Person die Rechte Indigener vertreten, also eine Person aus der globalen Indigenen Gemeinschaft ausgewählt werden, weil der Klimawandel global wirkt. Eine weitere Person müsste die Rechte besonders Betroffener im Globalen Süden vertreten und eine Person sozial Benachteiligte in Europa. Damit soll sichergestellt werden, dass die Institution, wie Taleb so schön sagt, »Haut im Spiel« hat, also die Personen, die das Risiko tragen, auch entscheiden.

DIE INSTRUMENTE DER EUROPÄISCHEN KLIMABANK

Der EZB stehen Offenmarktgeschäfte, ständige Fazilitäten und die Festlegung der Mindestreserve als traditionelle Instrumente zur Verfügung. Bei Offenmarktgeschäften verleiht die Notenbank Geld gegen notenbankfähige Sicherheiten. Die Notenbank stellt sowohl einwöchige Kredite als auch dreimonatige Kredite. Die EZB kann aber auch bei kurzfristigen Liquiditätsengpässen feingesteuert Kredite vergeben. Neben den Offenmarktgeschäften stehen der EZB die ständigen Fazilitäten zur Verfügung. Dazu stellt die EZB tagesaktuell Kredite bereit oder ermöglicht Geldeinlagerung. Zu einem erhöhten Zinssatz können sich Banken über Nacht Geld bei der EZB gegen notenbankfähige Sicherheiten leihen. Ebenso können Banken über Nacht Geld bei der EZB einlagern. Außerdem legt die EZB die Mindestreserve von Banken fest. Je höher der Mindestreservesatz, desto weniger Geld können Geschäftsbanken verleihen. Neben den traditionellen Maßnahmen kann die EZB auch unkonventionelle Maßnahmen wie zum Beispiel den Aufkauf von Vermögenswerten beschließen. In der Pandemie wurde beispielsweise ein Anleiheaufkaufprogramm beschlossen, mit dem Anleihen im Wert von 1,85 Billionen aufgekauft wurden.[59]

Auch die europäische Klimabank benötigt ein Orchester an Instrumenten. Das wichtigste Instrument ist die Festlegung der versteigerten Menge an Erderwärmungszertifikaten pro Jahr. Mit ihr wird bestimmt, ob das gesteckte Temperaturleitziel erreicht wird. Die festgelegte Menge wird dann von der EKB versteigert.

Ebenso wichtig ist die Einführung eines Mindestpreises bei der Auktion. Dieser sollte bereits in der Satzung der europäischen Klimabank verankert sein. Die EKB kann diesen Mindestpreis dynamisch nach oben verändern. Erderwärmungsrechte, die nicht versteigert werden, werden gelöscht. Durch den Mindestpreis sollen aktuelle und zukünftige Klimainvestitionen erhöht werden, weil mehr Investitionssicherheit herrscht.

Deshalb sollte der Mindestpreis auch möglichst nicht gesenkt werden. Dafür gibt es andere Instrumente. Zusätzlich ermöglicht der Mindestpreis technologischem Fortschritt die volle Entfaltung.

Um den Mindestpreis auch dynamisch zu vervollständigen, benötigt es einen Aufkaufmechanismus der EKB. Fällt der Marktpreis der Erderwärmungsrechte unter den Mindestpreis, so kauft die EKB die Rechte auf. Finanziert wird dies durch die Einnahmen durch den Erderwärmungsrechteverkauf. Dadurch können auch die aktuellen wissenschaftlichen Erkenntnisse dynamischer in die Mengengestaltung einbezogen werden und es kann feingliedriger auf stärkere Auswirkungen des Klimawandels reagiert werden.

Die EKB kann sich auch vorbehalten, über den Mindestpreis Erderwärmungsrechte aufzukaufen, sollte es zu Klimanotständen kommen. Außerdem ist es der EKB möglich, Erderwärmungsrechte außerhalb der jährlichen Auktion zusätzlich dem Markt zuzuführen, sollte der Marktpreis zum Beispiel durch einen Angebotsschock von fossilen Energieträgern stark ansteigen und kurzfristig die soziale Stabilität gefährden. Die generierten Einnahmen aus der Stabilisierung müssen aber dazu verwendet werden, klimafreundliche Technologien zu fördern, um den Überschuss an Erderwärmungsrechten über einen Zeitraum von fünf Jahren wieder abzubauen. Dazu ist die EKB verpflichtet, die bereitgestellten zusätzlichen Erderwärmungszertifikate über die Zeitdauer von fünf Jahren vom Markt zu kaufen. Das beschriebene Instrumentarium dient hauptsächlich dazu, kurzfristig nicht verfügbares Angebot an klimafreundlicherer Technologie mittelfristig zu schaffen und die soziale Stabilität in Extremszenarien nicht zu gefährden. Dies ist möglich, weil heute ausgestoßenes CO_2 in etwa den gleichen Temperatureffekt von ausgestoßenem CO_2 in fünf Jahren hat. Man verschuldet sich mit CO_2. Dieses Instrument sollte also mit Vorsicht benutzt werden und es sollte nur in extremen Notfällen darauf zurückgegriffen werden.

DIE KRAFT DES SYMBOLS

Der Klimaschutz kann durch eine europäischen Klimabank tief in unserer Gesellschaft verankert werden. Die feingliedrigere Steuerung der Erderwärmungsrechte führt indirekt zu vielen kleinen Verhaltensanpassungen. Dadurch wird das Individuum von der moralischen Last befreit, und auch die Politik der Nationalstaaten wird ein Stück weit entlastet. Der Klimaschutz bekommt den notwendigen Stellenwert. Mit einer europäischen Klimabank werden wir unserer europäischen Verantwortung für das Weltklima gerecht.

WARUM EIN MINDESTPREIS SO WICHTIG IST

Der Mindestpreis schafft mehr Investitionssicherheit und Rendite. Eine Investition ist laut Benjamin Graham eine Investmentoperation, die nach ausreichender Analyse, Sicherheit des eingezahlten Kapitals und eine adäquate Rendite verspricht. Ein Mindestpreis für CO_2 erhöht dabei die Sicherheit durch die Preisuntergrenze. Der CO_2-Preis fällt nicht unter den Mindestpreis, weil jedes Erderwärmungsrecht mit einem Preis kleiner oder gleich dem Mindestpreis von der EKB aufgekauft wird. Dadurch legt der Mindestpreis fest, wie viel Ertrag mindestens durch die CO_2-Vermeidung mit der klimafreundlichen Investition erzielt wird. Dieser Mindestertrag erhöht die Sicherheit, dass sich die Investition auszahlt. Außerdem sinken die Kreditkosten der Investition durch die »Ertragsuntergrenze« des Mindestpreises. Der Kreditgeber kann die Preisuntergrenze als Besicherung ansehen und hat ein geringeres Totalausfallrisiko. Dadurch reduziert sich der Schaden durch Kreditausfälle. Ein geringeres Kreditausfallrisiko bei gleichbleibendem Leitzins reduziert die Kreditkosten. Das heißt, selbst wenn sich der Preis für Erderwärmungsrechte mit Mindestpreis genauso entwickelt wie ohne, weiß die Bank, dass der Preis nie unter den Mindestpreis fällt. Dadurch ist die Bank bereit, weniger Zinsen für einen Kredit zu verlangen, weil sie weiß, dass die nachhaltige Investition des Unternehmens durch den Mindestpreis stärker abgesichert ist.

Schauen wir uns das an einem Beispiel an. Nehmen wir an, ab 20 Euro/Tonne CO_2 ist es rentabel, Kohlekraftwerke abzuschalten und zum Beispiel durch Offshore-Wind und Speicherung zu ersetzen. Der Preis befindet sich bei 100 Euro/Tonne. Der Versorger wird also Kohlekraftwerke abschalten und Erderwärmungsrechte verkaufen. Damit steigt das Angebot an Erderwärmungsrechten und der Preis sinkt. Der Versorger wird dies so lange machen, bis der Preis

auf 20 Euro/Tonne gefallen ist oder er alle Kohlekraftwerke abgeschaltet hat. Bei 20 Euro/Tonne lohnt es sich für den Versorger nicht
mehr, die Kraftwerke abzuschalten, und er wird keine Erderwärmungsrechte mehr verkaufen. Die ausgestoßene CO_2-Menge verändert sich aber ohne Mindestpreis nicht, weil es genauso viele Erderwärmungsrechte wie zuvor gibt. Klimafreundliche Technologie
reduziert über den festgelegten Reduktionspfad nur den Preis. Mit
dem sinkenden Preis sinken die Forschungsausgaben für klimafreundliche Technologie. Damit wird die weitere Entwicklung sogar
ausgebremst. Ähnliches ereignete sich beim Acid Rain Programm in
den USA. Für die Vermeidung von Schwefeldioxid wurde ebenfalls
ein Cap-and-Trade-Handelssystem eingeführt. Technische Innovation führte dazu, dass die angesetzte Menge zu hoch war, und der
Preis kollabierte gegen 0. Eine großartige Innovation führte also zu
negativen Rückkopplungseffekten durch den Preis. Normalerweise sagt ein niedriger Preis aus, dass es genügend Angebot gibt. Da
es sich aber um einen künstlichen Markt handelt, benötigen wir via
Mindestpreis die Rückkopplung auf die Menge. Schnelle technische
Innovationen würden den Preis bis zum Mindestpreis senken. Von
dort würde er nicht mehr weiter sinken und überschüssige Zertifikate würden gelöscht werden.

Seit der Einführung des EU-ETS gab es bereits Fälle, in denen
der Mindestpreis zu deutlichen Verbesserungen geführt hätte. Nach
der Finanzkrise kostete die Tonne CO_2 zeitweise weniger als 10 Euro. Dies lag zum einen an der anfänglichen Überzuteilung von
Emissionsrechtezertifikaten sowie der Rezession nach der Finanzkrise. Bei einem Mindestpreis könnten Erderwärmungszertifikate bis zum Mindestpreis vom Markt gekauft und gelöscht werden.
Dadurch reduziert man Erderwärmungsüberschüsse in Folge eines Wirtschaftseinbruchs. Geht die Wirtschaftsleistung zurück, geht
auch der CO_2-Ausstoß zurück. Dadurch sinkt die Nachfrage nach
Erderwärmungszertifikaten und damit deren Preis. Jetzt wird ent-

weder durch Verlagerung mehr CO_2 ausgestoßen als nötig oder die Zertifikate werden für die Zukunft aufgehoben (Banking). Da der Erdtemperierungshandel ein künstlicher Markt ist, passt sich das Angebot nicht von selbst an. Wenn die Kunden eines Autobauers weniger Autos nachfragen, passt der Autobauer sein Angebot an und stellt weniger Autos her. Der Mindestpreis sorgt dafür, dass Autos unter dem Mindestpreis nicht hergestellt werden. Genauso finden CO_2-Emissionen unter einem gewissen Mindestpreis nicht statt. Damit wird bei einem starken Nachfrageeinbruch nach CO_2 das Angebot an Erderwärmungszertifikaten reduziert. Aber würgt dies nicht den nächsten konjunkturellen Aufschwung ab? Nein, denn das Schöne am Mindestpreis ist, dass er das Angebot nur reduziert, wenn der Preis unter den Mindestpreis zu fallen droht. Ist der Preis über dem Mindestpreis, wird das Angebot nach dem vorgegebenen Reduktionspfad bestimmt. Nach einer Wirtschaftskrise kehrt man wieder zu dem vorgeschriebenen Reduktionspfad zurück, mit dem Unterschied, dass man in der Zwischenzeit CO_2 gegenüber dem vorherigen Reduktionspfad eingespart hat.

Durch den Mindestpreis werden Wirtschaftskrisen zu Chancen für den Umweltschutz, weil die Emissionen deutlich stärker reduziert werden als vorher angenommen. Zu viel zugeteilte Erderwärmungsrechte werden einfach vom Markt gekauft und gelöscht. Dadurch haben zu gering gesetzte Caps geringere Auswirkungen. Auch nationale Programme für mehr Klimaschutz können ohne Mindestpreis ihren Effekt verfehlen.

Ohne Mindestpreis können zusätzliche Politikmaßnahmen beim aktuellen EU-ETS-Handel zu einem niedrigeren CO_2-Preis führen ohne Reduktion des CO_2-Ausstoßes. Der CO_2-Ausstoß wird nur verlagert, deshalb nennt man den Effekt auch, wie bereits erwähnt, den Wasserbetteffekt nach Hans-Werner Sinn. Durch das fixe Cap können nicht weniger Emissionen ausgestoßen werden. Mit dem Mindestpreissystem werden Erderwärmungsüberschüsse gelöscht. Dadurch entfalten andere klimapolitische Maßnahmen wieder ihre Wirkung. Ohne Mindestpreis müsste man bei jeder Politikmaßnahme vorher festlegen, wie viel CO_2 man einsparen will, und entsprechend viele Erderwärmungsrechte löschen. Jedes EU-Land bräuchte dann dieses Recht. Für das einzelne Land geht dann aber der Wert des Erderwärmungsrechts verloren. Daher ist es fraglich, ob dies immer konsequent umgesetzt werden würde. Ein Kohleausstieg eines Landes kann mit Mindestpreis auch ohne Wasserbetteffekt den CO_2-Ausstoß verringern.

OHNE GRENZAUSGLEICH KEINE KOMPLETTE VERSTEIGERUNG DER ZERTIFIKATE

Aktuell werden in etwa 50 Prozent der Emissionsrechte versteigert. Die anderen 50 Prozent werden kostenlos zugeteilt, um die internationale Wettbewerbsfähigkeit zu wahren. Um die komplette Verauktionierung der Erderwärmungsrechte zu ermöglichen, benötigt es eine internationale Lösung. Es benötigt einen Grenzausgleich für Waren, die in die EU eingeführt werden. Der erhobene Zoll soll der Differenz zwischen dem CO_2-Preis der EU und dem des Handelspartners entsprechen. Dies schützt europäische Produzenten im europäischen Binnenmarkt davor, nicht durch die potenziell höheren CO_2-Kosten benachteiligt zu werden. Idealerweise wird zur Umsetzung ein »Klimaklub der Willigen« gegründet und alle anderen Länder werden schrittweise in den Klub aufgenommen.

Mitglieder des Klimaklubs bezahlen nicht den gesamten Preis als Zoll, weil sie selbst CO_2 bepreisen. Der Grenzausgleich sollte auf der Ebene des Klimaklubs beschlossen und dann in den einzelnen Handelsräumen umgesetzt werden. Ist der Grenzausgleich geregelt, sollten alle Erderwärmungsrechte verkauft werden. Der internationalen Wettbewerbsfähigkeit wurde Rechnung getragen, außerdem werden die Einnahmen der europäischen Klimabank gesteigert.

DIE SOZIALE FRAGE UND DIE FRAGE DER KLIMAFÖRDERUNG

Der Erdtemperierungshandel nimmt Geld durch den Verkauf der Erderwärmungsrechte ein. Ein Teil des Geldes wird wieder eingesetzt, um Erderwärmungsrechte vom Markt zu kaufen und zu löschen. Dies können wir aber hier vernachlässigen, weil dafür ja entsprechende Einnahmen mit dem vorherigen Verkauf der Erderwärmungsrechte erzielt wurden.

Die europäische Klimabank ist an einem hohen Preis interessiert. Hohe Preise bedeuten Mehreinnahmen und damit mehr Geld zum Verteilen. Der Preis kann allerdings auch nicht zu hoch gesetzt werden, da sonst die soziale Stabilität in Europa gefährdet wird. Aber wie sollte man mit den Einnahmen aus dem Erdtemperierungshandel umgehen?

Um die Mitte zwischen den am Anfang des Kapitels beschriebenen Extremen bei der CO_2-Menge zu finden, ist ein Ausbalancieren zwischen zwei Investitionen nötig: Klimageld und Subventionen.

Das europäische Klimageld investiert in die soziale Stabilität Europas und in die Akzeptanz des Klimaschutzes und Europas. Die Förderung klimafreundlicher Technologien investiert in die zukünftige CO_2-Reduktion. Das europäische Klimageld sollte pro Kopf an jeden Bürger der EU gleich verteilt werden. Das Geld sollte an die Nationalstaaten verteilt und über diese an die Bürger ausgezahlt werden. Das europäische Klimageld schafft Ausgleich für sozial Benachteiligte, die oft besonders stark vom Klimawandel betroffen sind. Außerdem werden dadurch die Lasten der höheren Preise durch die Berücksichtigung der Umweltschäden fairer verteilt. Zudem fördert ein europäisches Klimageld den europäischen Gedanken, weil jeder europäische Bürger das Gleiche bekommt. Außerdem profitieren gerade EU-Bürger mit weniger Einkommen von dem Klimageld. Dadurch steigt auch die Akzeptanz für Klimaschutzmaßnahmen in Bevölkerungsgruppen, die sich Klimaschutz bisher nicht leisten konnten. Außerdem besteht ein starker Zusammenhang zwischen mehr Einkommen und mehr CO_2-Ausstoß. Das Klimageld würde für mehr europäische Klimagerechtigkeit sorgen.

Die Förderung klimafreundlicher Technologien hilft uns, die Klimatransformation möglich zu machen, und das möglichst günstig. Dabei können EU-Institutionen als Käufer umweltfreundlicher Technologie einen Markt für Schlüsseltechnologien etablieren. Sie können flexible Subventionssysteme verwenden. Dabei wird ein Projekt ausgeschrieben und verauktioniert, und wer die niedrigste Subvention fordert, bekommt das Projekt. Dieses Verfahren wird zum Beispiel bei der Versteigerung von Offshore-Windrechten verwendet. Eines Tages wird bei einem solchen Auktionsverfahren die Gewinnschwelle erreicht. Der Vorteil dieses Verfahrens ist, dass die Subventionen dynamisch sind und kontinuierlich mit dem technologischen Fortschritt klimafreundlicher Technologie sinken.

Beide Investitionen sind die Ideale des hier vorgestellten europäischen Klimaplans. Die Verteilung des Verhältnisses hängt von der Situation ab und liegt im Ermessensspielraum der europäischen Klimabank. Tendenziell sollte zu Beginn mehr Geld in die Förderung klimafreundlicher Technologien fließen, weil dadurch auch die zukünftigen Kosten durch die Klimatransformation gesenkt werden.

GREENWASHING DURCH CO_2-KOMPENSATION

Man kann heute CO_2 »kompensieren«, indem man CO_2-Gutschriften kauft. Es wird nämlich suggeriert, dass man an anderer Stelle kompensieren könne, was man an einer Stelle zu viel ausstößt. Leider geht diese Gleichung oft genug nicht auf. Damit setzt die CO_2-Kompensation gesellschaftlich fragwürdige Anreize, um Greenwashing zu betreiben.

Die Gleichung der CO_2-Kompensation nimmt an, dass eine ausgestoßene Tonne CO_2 gleich einer anderweitig eingesparten Tonne CO_2 ist. Der vermeintliche Nutzen soll dadurch entstehen, dass Kompensation günstiger als die Vermeidung wäre. Laut der Gleichung kann zum Beispiel der Betrieb eines Kohlekraftwerks in Deutschland mit den CO_2-Einsparungen durch 200 Windanlagen in Indien »kompensiert« werden. Dafür müssten die Windanlagen in Indien andere Emissionsquellen ersetzen, zum Beispiel ein Kohlekraftwerk abgeschaltet werden.

Schauen wir uns nun die aktuelle Handhabung und die aktuellen Anreize genauer an. Wie oben beschrieben, wird von einem Projektbetreiber ein Windpark in Indien errichtet. Um CO_2-Gutschriften zu generieren, wird das Projekt mit der Situation ohne das Projekt verglichen und die CO_2-Einsparungen »berechnet«. Für diese berechneten Einsparungen werden CO_2-Gutschriften erstellt. Diese können dann zum Beispiel an den Kohlekraftwerkbetreiber verkauft werden.

Bedingung für die Gleichung der CO_2-Kompensation ist die Zusätzlichkeit. Nur wenn der Windpark ohne den Verkauf der Gutschriften nicht gebaut werden würde, wäre diese Bedingung erfüllt. Der Windparkbetreiber hat einen Anreiz aufzuzeigen, dass sein Projekt nur mit dem Gutschriftenkauf möglich ist. Der Käufer der Gutschriften hat ein Interesse an einem möglichst niedrigen Preis und kein Interesse, die Zusätzlichkeit des Projekts zu hinterfragen. Darüber hinaus stellt sich die Frage, ob unter Berücksichtigung des IPCC-Berichts überhaupt davon gesprochen werden kann, dass Investitionen in erneuerbare Energien »Kompensationen« sind oder vielmehr Notwendigkeit.

Neben den Problemen mit der Zusätzlichkeit besteht auch ein Problem, die Einsparungen tatsächlich zu kontrollieren. Viele Projekte sind in Entwicklungsländern und der Aufsichtsweg ist sehr lang. Eine weitere Bedingung ist die Permanenz der Emissionseinsparungen. Dies ist besonders bei natürlichen CO_2-Speichern wie Bäumen oder Mooren problematisch. Gespeicherte CO_2-Emissionen können zum Beispiel durch einen Waldbrand wieder in die Atmosphäre entweichen und die Gutschriften wurden unter Umständen schon verrechnet. Der Projektbetreiber der Aufforstung hat zwar einen Anreiz, über den relevanten Zeitraum der Gutschrift für Permanenz zu sorgen. Danach hat er allerdings keinen monetären Anreiz mehr. Eine weitere Bedingung ist das Verlagerungsrisiko. Sollte zum Beispiel ein Waldgebiet davor geschützt werden, abgeholzt zu werden, kann es sein, dass der Holzbedarf einfach nur durch eine Abholzung an anderer Stelle gedeckt wird. Es gibt wenig Anreize, Verlagerung zu verhindern. Zudem kann es zur Doppelzählung der Emissionseinsparung kommen, wenn sowohl der Projektentwickler als auch der Käufer für ihr jeweiliges Land die Emissionseinsparung melden. Außerdem kann es zu Reboundeffekten kommen, da zum Beispiel der Windprojektbetreiber in Indien nun durch den Gutschriftenverkauf mehr Geld zur Verfügung hat und deshalb zum Beispiel ein größeres Haus baut und dadurch mehr emittiert. Problematisch ist nicht der Hausbau, sondern die CO_2-Kompensation. Die vielfältigen Anreizprobleme mit der CO_2-Kompensation sind problematisch für unsere Gesellschaft.

Dass Anreizsysteme zum Nutzen der Gesellschaft verändert werden können, zeigt laut Charlie Munger das Beispiel von John H. Patterson. Patterson besaß einen kleinen Verkaufsladen, der keine Gewinne erwirtschaftete. Das Problem war, dass seine Mitarbeiter ihm Geld aus der Kasse stahlen. Eines Tages schenkte ihm jemand eine Registrierkasse. Damit konnte der Geldfluss kontrolliert werden und keiner konnte mehr unbefugt Geld entwenden. Geld stehlen wurde erschwert und die Gesellschaft dadurch verbessert. Aus dem »Selbstbedienungsladen« wurde ein profitabler Verkaufsladen. Cle-

4. WIE WIR DEM KLIMAWANDEL BEGEGNEN KÖNNEN

ver genug, die Tragweite dieser Erfindung zu verstehen, konzentrierte sich Patterson fortan darauf, Registriermaschinen herzustellen. Er gründete National Cash Register und machte es zum Marktführer für Kassensysteme in den USA. Damit erhielt ein verbessertes Verhalten Einzug in große Teile der Gesellschaft.

Wir sollten den CO_2-Gutschriftenhandel in Europa abschaffen. Damit schieben wir keine Verantwortung mehr ab und reduzieren, statt zu kompensieren. Institutionen sollte zudem verboten werden, mittels CO_2-Gutschriften Emissionsreduktionen auszuweisen. Die Möglichkeit, Erderwärmungsrechte zu verkaufen und zu kaufen, besteht weiterhin. Der Unterschied zwischen Erderwärmungsrecht und Gutschriften ist, dass bei den Gutschriften Emissionen und Reduktionen verrechnet werden. Diese Rechnung geht aber aus den in diesem Unterkapitel beschriebenen Punkten nicht auf.

CO_2-SPEICHERUNG UND CO_2-AUSSTOSS: WAS KLIMANEUTRALITÄT BEDEUTET – CO_2-REDUKTIONSPROJEKTE

Um bis 2050 CO_2-neutral zu sein, müssen die CO_2-Ausgaben gleich den Einnahmen sein. Das heißt, es darf nur genauso viel CO_2 ausgestoßen werden wie gespeichert wird. Dann haben wir die Klimaneutralität erreicht. Das konservative Ziel sollte sein, die CO_2-Emissionen auf das aktuelle Niveau der Speicherung zu bringen. Der Erdtemperierungshandel hat den Zweck, die CO_2-Ausgaben auf das Niveau der Einnahmen zu senken. Der Erdtemperierungshandel ist sozusagen eine CO_2-Schuldenbremse. Kompensationsmärkte zu betreiben, ist dabei nicht sinnvoll. Was nicht heißt, dass es nicht sinnvoll ist, in CO_2-Speicherung zu investieren, nur eben nicht verknüpft mit Emissionen. Denn dann bewirken sie nichts.

Die Ausgabenseite können wir gut messen und genauer steuern. Dafür ist der Erdtemperierungshandel zuständig. Die Reduktion einer Tonne CO_2 eines Kohlekraftwerks ist vergleichbar mit der einer Ölraffinerie. Dem Klima ist es dabei egal, wo die Tonne CO_2 eingespart wird. Deshalb kann CO_2 dort eingespart werden, wo es am kostengünstigsten ist. Die wichtigsten Stellschrauben habe ich bereits unter dem Abschnitt Erdtemperierungshandel beschrieben.

Die Einnahmenseite zu steuern, ist etwas komplizierter und mit mehr Unsicherheit behaftet. Sie besteht aus natürlicher und technologischer CO_2-Speicherung. Ein Moor oder ein Wald kann zum Beispiel CO_2 natürlich speichern. Mit Direct Air Captures kann man CO_2 technologisch speichern, indem man es in Plastik einführt oder für E-Fuels verwendet. Gerade bei der Frage, wie permanent die Speicherung ist, besteht erhebliche Unsicherheit. Deshalb sollte sie gesondert betrachtet werden und nicht via Kompensationshandel mit ausgestoßenen Emissionen gegengerechnet werden. Natürliche Senken bieten zusätzlich weitreichende ökologische Vorteile. Moore können einen vielfältigen Lebensraum für viele Lebewesen bereitstellen. Ökosysteme sind nicht pauschal miteinander vergleichbar und äußerst vielfältig. Daher sollten Ökosysteme nicht einfach den Gesetzen des Marktes unterliegen.

Dadurch, dass CO_2-Einnahmen weniger sicher sind, sind CO_2-Einnahmen die wir zusätzlich zu den bestehenden generieren, »nice to have«, aber wir sollten uns nicht allein darauf verlassen. Sie stellen eine positive Option dar und sollten daher staatlich unterstützt werden. Ihre Wirkungen können aber sehr unterschiedlich sein, gerade wenn es um Ökosysteme geht. Grundsätzlich kann zwischen natürlichen und technologischen Zusatzeinnahmen unterschieden werden. Beide sollten staatlich unterstützt werden.

Für technologische Zusatzeinnahmen bedarf es vorrangig mehr Unterstützung in der Forschung und den Staat als verlässlichen Abnehmer und Kunden der Technologie. Dies erleichtert die Etablierung neuer nachhaltiger Technologien.

OBERGRENZE, UNTERGRENZE UND DER VERGLEICH MIT DER STEUER

Der Erdtemperierungshandel legt eine klare Obergrenze fest, anders als bei der Steuer. Mit Mindestpreis wird aber analog zur Steuer keine untere Grenze für die CO_2-Ausstoßmenge festgelegt. Die positive »Option«, dass Klimaschutz schneller gehen kann, wird von der Steuer übernommen. Wenn alle Erderwärmungsrechte mindestens zum Mindestpreis verkauft werden, erzielt man sogar mindestens die Einnahmen der Steuer. Dadurch bekommt man den Erdtemperierungshandel, der wie eine Steuer wirkt, nur dynamischer und mit fixer Obergrenze. Theoretisch kann man zwar auch eine Steuer variabel gestalten und ähnliche Resultate erzielen. Allerdings ist die variable Gestaltung nicht so einfach wie die Umsetzung einer Obergrenze. Zudem ist die Umsetzung einer EU-weiten Steuer schwierig. Alle Vorteile der Steuer werden dagegen im Erdtemperierungshandel zusätzlich mitgeliefert.

SEKTORALE BETRACHTUNG AM BEISPIEL DES VERKEHRSSEKTORS

Verschiedene Sektoren benötigen unterschiedliche Lösungen, um CO_2 zu reduzieren, weil sie andere Flaschenhälse haben. Wir werden uns dazu den Verkehrssektor in diesem Kapitel anschauen und den Landwirtschaftssektor im nächsten Kapitel. Der Landwirtschaftssektor bedarf der Berücksichtigung der Biodiversität und des Klimawandels.

Gerade im Verkehrsbereich kann man bei höheren CO_2-Preisen oft nicht so einfach auf andere Verkehrsformen ausweichen. Der umgerechnete CO_2-Preis der Spritsteuer beträgt über 200 Euro/Tonne. Ein Flaschenhals ist der Güterverkehr der Deutschen Bahn.

DER GÜTERVERKEHR

DB Cargo hat 2020 4,12 Milliarden Euro Umsatz erzielt und dabei einen EBIT-Verlust[60] von 728 Millionen Euro gemacht.

Dabei haben sie eine Verkehrsleistung von 92.651 Millionen Tonnenkilometern und beschäftigen 30.000 Mitarbeiter. 2020 hat die DB Cargo 4,46 Milliarden Umsatz gemacht und einen EBIT-Verlust von 308 Millionen Euro geschrieben.[61] In den USA erwirtschaftete BNSF 2020 bei 20,2 Milliarden US-Dollar Umsatz 7,8 Milliarden US-Dollar EBIT-Ertrag. BNSF beschäftigt circa 35.000 Mitarbeiter und hat eine Verkehrsleistung von 1.500 Milliarden Tonnenkilometern.[62] BNSF macht circa 520.000 Euro Umsatz pro Mitarbeiter, wohingegen DB Cargo 137.000 Euro Umsatz pro Mitarbeiter macht. Dabei sind bei BNSF die Mitarbeiter für den Betrieb und Erhalt des Schienennetzes mit eingerechnet. Würde man die Mitarbeiter für den Erhalt der Schienen proportional auf den Umsatz verteilen, würde man auf nur 118.000 Euro Umsatz pro Mitarbeiter kommen. Der Gesamtkonzern Deutsche Bahn hat 2020 39,9 Milliarden Umsatz erzielt und einen EBIT-Verlust von 2,9 Milliarden und 123.618 Euro Umsatz pro Mitarbeiter.[63] VTG ist Europas Unternehmen mit der größten privaten Eisenbahngüterverkehrsflotte.[64] VTG machte 2020 1,2 Milliarden Euro Umsatz und 492 Millionen EBITDA-Gewinn. VTG beschäftigt 2020 2.100 Mitarbeiter und damit 580.000 Euro Umsatz pro Mitarbeiter.[65]

Man sollte die Deutsche Bahn aufspalten in DB Netz, DB Personenverkehr und DB Güterverkehr, und DB Personenverkehr und

DB Güterverkehr privatisieren. Die Rechte für die Nutzung der Strecke sollten mittels englischer Auktion versteigert werden. So wird sichergestellt, dass jedes Unternehmen einen fairen Marktzutritt hat. In DB Netz Fahrweg, Personenbahnhöfe und Energie arbeiten circa 60.000 Mitarbeiter.[66] Dann würden auch wieder mehr als 10 Prozent des Güterverkehrs zurück auf die Schiene verlegt werden. Aktuell transportiert Deutschland 3,2 Milliarden Tonnen Güter mit dem Lkw, 320 Millionen Tonnen mit der Bahn und 188 Millionen Tonnen mit der Binnenschifffahrt. [67] In den USA werden circa 70 Prozent der Waren mit dem Lkw und 30 Prozent mit der Eisenbahn transportiert.

STROMVORREITER DÄNEMARK

Dänemark deckt 2021 mehr als 50 Prozent seines Strombedarfs mit erneuerbaren Energien. Die tragende Säule? Windkraft. Dänemark hat seit den beiden Ölkrisen 1973 und 1979 konsequent die Abhängigkeit von Ölimporten reduziert. Die Ölimporte deckten vor der ersten Ölkrise fast 90 Prozent des Energiebedarfs. Durch gezielte Förderung wurde die Abhängigkeit von Energieimporten reduziert, und das ohne Kernkraft. Kernkraft wurde sogar 1985 gesetzlich als potenzielle Energiequelle ausgeschlossen. Die dänische Geschichte ist aber auch eine Geschichte von Zusammenarbeit und Handel. Dänemark handelt beispielsweise sehr aktiv Strom mit Norwegen und Schweden. Überschüssiger Strom aus den Windstromspitzen wird nach Norwegen und Schweden exportiert. Dort wird Wasser in höhergelegene Stauseen gepumpt und der Strom damit gespeichert. In Niedrigwindphasen wird der gespeicherte Strom wieder gewonnen und nach Dänemark exportiert.

Die Erfolgsgeschichte Dänemarks ist eine Geschichte von ambitionierten staatlichen Infrastrukturprojekten wie der neu geplanten Energieinsel, die 3–10 Millionen Haushalte mit Offshore-Wind versorgen soll. Sie ist aber auch eine individuelle Geschichte und die Geschichte zweier dänischer Pionierunternehmen. Der Staat liefert die Rahmenbedingungen und die Unternehmen die Innovationen und die Umsetzung. Der Staat hilft mit, damit sich der Bau von Windkraftanlagen für den Betreiber lohnt und sorgt dafür, dass Projekte realisiert werden können.

Die dänische Erfolgsgeschichte der Energiepolitik beginnt nach der ersten Ölkrise 1973. Dänemark befindet sich in einer prekären Situation, weil es 90 Prozent seiner Energie aus importiertem Öl gewinnt. Die wirtschaftliche Situation in Dänemark ist angespannt.

Neben Energiesparmaßnahmen beschließt Dänemark im ersten Schritt die Abkehr vom importierten Öl hin zur Kohle und heimischem Öl aus der Nordsee. Aber schon drei Jahre später, im Jahr 1976, beschließt Dänemark eine Energiesteuer, mit deren Einnahmen gezielt die Forschung und Entwicklung von Stromerzeugung durch Windkraft und Biomasse gefördert wird. Viele der Windräder werden von lokalen Bürgergemeinschaften gebaut. Dies war leicht möglich, weil Versorger zur Stromabnahme verpflichtet waren. 1981 wurde dies weiter gefördert, indem Familien Steuergutschriften bekamen, wenn sie Windräder bauten. Außerdem wurden dänische Windturbinen der Firma Vestas zum Exportschlager, und durch eine günstige Windförderpolitik in Kalifornien wurde die USA großer Windturbinenexportmarkt für Dänemark. Leider fand dies 1985 ein kurzfristig abruptes Ende, weil die Windfördersätze in Kalifornien gestrichen wurden. Dies traf Vestas enorm und führte fast zu deren Pleite. Mit aktiver Industriepolitik baute der dänische Staat 1985 und 1990 zweimal jeweils zwei 100-Megawatt-Windenergieprojekte. Damit war auch die Zukunft Vestas' gesichert, und Vestas wurde in der Folgezeit vom Mischkonzern zum Windturbinenbauer. Bei dänischen Windradbauten gab es teilweise bis zu 30 Prozent der Investitionssumme an Subventionen. Dies wurde schrittweise auf 20 Prozent, dann auf 10 Prozent angepasst und schließlich 1988 ganz gestrichen. Ausgenommen davon waren Ersatzinvestitionen für Windräder. Im Gegenzug wurden die Energieversorger verpflichtet, Windstrom einzuspeisen und die Netzanschlüsse dafür zu bauen. Außerdem wurden sie verpflichtet, einen fairen Abnahmepreis zu zahlen. 1992 wurde dieser Preis auf mindestens 85 Prozent des Preises für den Privatkunden festgelegt. Weiterhin wurde 1992 vom Energieministerium beschlossen, günstige Standorte für Windräder zu ermitteln. Bei der Standortsuche wurde dabei den Gemeinden die Verantwortung übertragen und die lokale Bevölkerung konnte aktiv bei der Standortsuche mitwirken. 1993 wurde dann die 85-Prozent-Quote durch einen sogenannten Fixed Feed-in Tariff ersetzt. Bei einem Fixed Feed-in Tariff wird ein fixer Betrag pro Energieeinheit als Subvention an den Betreiber des Windparks gezahlt. Dabei wird eine Anzahl an Volllaststunden[68] festgelegt, über die die Subvention gezahlt wird. Mit der Bindung an Volllaststunden kann die Subventionsdauer genauer an der geleisteten Stromeinspeisung ausgerichtet werden als bei einer fixen Einspeisevergütung über einen gewissen Zeitraum. Ein Fixed Feed-in Tariff liefert hauptsächlich Preisstabilität. Damit können Investitionen verlässlicher getätigt werden. Nachteil ist, dass die Preise für die Energieherstellung möglicherweise nicht sinken, wenn der Tariff nicht über die Jahre angepasst wird. Im Idealfall kennt der Staat in etwa die Herstellungskosten und kann so schrittweise bei Effizienzsteigerungen der Windkraftanlagen den Tarif nach unten anpassen. In der Praxis weiß der Windanlagenbauer meist besser über die tatsächlichen Kosten der Windanlage Bescheid als der Staat. Man spricht auch von Informationsasymmetrie. Wichtiger als der exakte Satz ist die Anpassung über die Zeit.

In Dänemark wurde der Preis auf 85 Prozent der Kosten des Versorgers und der Kosten für die Verteilung festgelegt. Außerdem erhielten die Windanlagenbetreiber Geld zurück aus den CO_2-Steuern und teilweise die Rückerstattung der Energiesteuer. Dies führte dazu, dass Windstrombetreiber die ersten fünf Jahre bis zu 200 Prozent des Preises konventioneller Stromerzeugung erzielen konnten. Diese Regelung führte dazu, dass sehr viele Windräder an windgünstigen Standorten aufgestellt wurden.

Das Feed-in-System galt bis 1999, danach galt der Renewable Portfolio Standard. Bis 2003 wurden alle Windanlagen auf den Renewable Portfolio Standard umgestellt. Durch das System wurde der aktuelle Strommarktpreis und ein gekapptes Premium ausbezahlt. Außerdem wurde der Stromnetzanschluss nicht mehr garantiert.

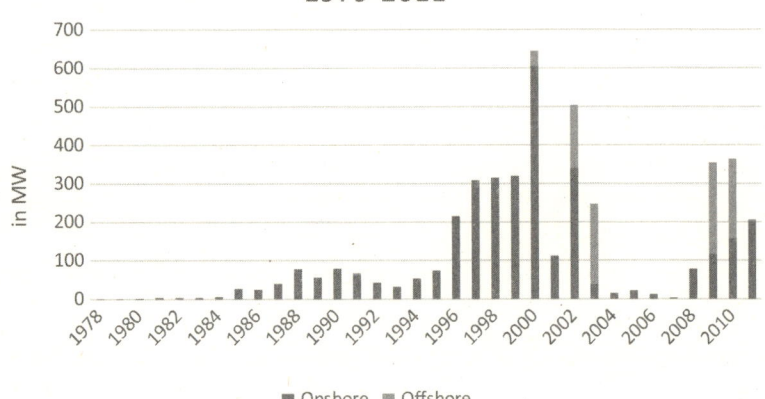

Sowohl die Minderung der Förderung als auch der Verlust der Einspeisegarantie führten dazu, dass zwischen 2004 und 2008 kaum mehr neue Windenergiekapazitäten ausgebaut wurden. Zwischen 2004 und 2008 wurden nur 129 Megawatt an Kapazität ausgebaut, was weniger ist als der alleinige Ausbau im Jahr 2003 mit mehr als 200 Megawatt.

Erst 2009 wurde ein neues Premium von 0,05 USD/kWh eingeführt, für eine Volllastzeit von 22.000 Stunden oder umgerechnet circa zehn Jahren Betriebszeit. Zudem gab es ein Premium von 0,004 USD/kWh für das Stabilisieren des Netzes.

Zusätzlich wurde verstärkt Offshore-Windenergieerzeugung gefördert. Dazu wurde ein spezielles Auktionsverfahren verwendet. Jeder Auktionsteilnehmer gibt Gebote ab, wie viel Subvention er haben will. Es wird so lange geboten, bis keiner mehr ein besseres Angebot abgibt. Der Windparkbauer, der am wenigsten Subventionen benötigt, bekommt den Zuschlag. Zudem wurden die Anschlusskosten für Offshore-Windparks auf die Verbraucher umgelegt.

Für die Realisierung von Windrad-Projekten ist eine gewisse Akzeptanz der Bevölkerung wichtig. Mit besonderen Fördersätzen für Familien und Bürgerenergien ist die dezentrale Energieerzeugung zentraler Teil der dänischen Politik. Gerade bei Onshore-Windprojekten ist es wichtig, die Bürger mitzunehmen. Dazu sollen Wertverluste ausgeglichen werden, Bürger lokal an den Gewinnen beteiligt und die Projekte finanziell vom Staat unterstützt werden. In Dänemark gelten dazu aktuell folgende Regeln:

Wird der Wert eines Grundstücks um mehr als 1 Prozent durch Windräder gemindert, so ist der Betreiber zum Ausgleich verpflichtet. Eine sachverständige Kommission ermittelt dazu den Wertverlust.

Die Bedingung staatlicher Förderung ist eine Beteiligung der Anwohner am Windprojekt in Höhe von 20 Prozent. Vorrangig sollen sich die Anwohner im Umkreis von 4,5 Kilometern beteiligen. Bei Nichterfüllung dürfen alternativ auch die übrigen Bewohner des Gemeindegebiets des Windprojekts die 20-Prozent-Quote erfüllen.

Mit einem Garantiefonds werden Bürgerenergieprojekte besonders gefördert. Der Staat liefert bedingt Bürgschaften, um die Kreditvergabe zu vergünstigen. Die Bedingung für die Bürgschaft ist unter anderem, dass mindestens zehn Bürger und die Mehrheit der Bürgerenergiegruppe im Gemeindegebiet wohnen. Außerdem muss die Umsetzung des Projekts wahrscheinlich sein.

Zusammenfassend kann man sagen, dass die dänische Energiepolitik seit 1979, mit Ausnahme der Phase 2004–2008, für einen stabilen Rahmen für Windenergie-Erzeugungsinvestitionen gesorgt hat. Außerdem haben die Einspeisungspflicht und Netzanschlusspflicht für Investitionssicherheit gesorgt. Mit gezielten Subventionssystemen wurden Kostensenkungen im On- und Offshore-Windbereich ermöglicht. Außerdem hat die dänische Regierung die lokale Bevölkerung immer wieder mit einbezogen. 2021 erzeugte Dänemark circa 11 Terawattstunden Strom Onshore und 8 Terawattstunden Strom Offshore bei einem gesamten jährlichen Stromverbrauch in Dänemark von circa 32 Terawattstunden, mit stark steigender Tendenz.[69 70 71 72]

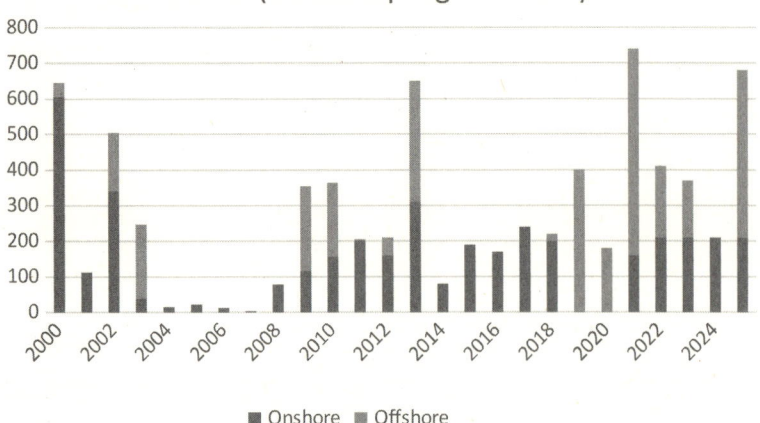

Jährliche Windinstallation in Dänemark von 2000-2025(ab 2020 prognostiziert)

Onshore ■ Offshore

Besonders der Ausbau der Offshore-Energie wird in Dänemark immer lukrativer. Der Wind weht auf dem Meer konstanter und stärker. Genehmigung zu erhalten ist leichter, weil die Grundstücke meist in dänischer Staatshand liegen. Offshore-Windparks sind zwar Eingriffe in die Natur und können sich negativ auf Vogelpopulationen auswirken, sie können aber auch durch Behinderung des industriellen Fischfangs maritime Populationen erhöhen. Das Offshore-Potenzial in Europa ist riesig, laut einer Studie der WindEurope mit 2.600 Terawattstunden doppelt so hoch wie unsere aktuelle Kohlestromerzeugung.

Dänemark unterstützt und baut immer wieder ambitionierte Infrastrukturprojekte. Dänemarks aktuell wohl ambitioniertestes Projekt ist die Energieinsel. Geplant ist das Anlegen einer künstlichen Insel mit 460.000 Quadratmetern in der Nordsee, 80 Kilometer entfernt von Jütland. Darauf sollen dann Windräder gebaut werden. Im ersten Schritt sollen 200 Windräder mit einer Kapazität von 3 Gigawatt erzeugt werden. Mit einem Gigawatt kann man in etwa eine Million Haushalte mit Strom versorgen. In der letzten Ausbaustufe ist eine Kapazität von bis zu 10 Gigawatt vorgesehen. Für das Projekt will Dänemark 28 Milliarden Euro in die Hand nehmen und den Strom an Deutschland verkaufen. Ziel ist dabei auch, Stromüberschüsse unter anderem in Wasserstoff umzuwandeln. Dänemark fördert immer wieder gezielt neue Schlüsseltechnologien.[73, 74, 75]

Teil der Erfolgsgeschichte Dänemarks in der Windstromerzeugung ist auch die Erfolgsgeschichte der dänischen Windenergieunternehmen Örsted und Vestas. Der dänische Energieversorger Örsted ist ein besonderes Beispiel, wie eine Energiewende weg von fossilen Brennstoffen funktionieren kann.

Die Firma Örsted wurde nach dem bekannten dänischen Physiker Hans Christian Örsted benannt. Hans Christian Örsted erkannte als Erster das Wechselspiel von Elektrizität und Magnetismus. Bei Blitzeinschlägen bemerkte er Bewegungen seiner Kompassnadel. Örsted blieb neugierig und startete einen Versuch. Er schloss beide Enden eines Metalldrahts an eine Batterie an. Wieder stellte er bei seiner Kompassnadel daneben einen Ausschlag fest. Mit einem weiter verfeinerten Versuchsaufbau konnte er schließlich feststellen, dass sich ein Magnetfeld kreisförmig um den Draht herum aufbaut. Seine Erkenntnisse sind noch heute die Basis für den Elektromagnetismus. Er lieferte die Grundlagen für unsere heutige Stromerzeugung, den Elektromotor und unsere Rundfunktechnik.[76]

Auch das Unternehmen Örsted ist mittlerweile fundamental für die Energiewende. Dabei verwendete Örsted ursprünglich Öl, Gas und Kohle zur Energieerzeugung. Bis 2010 erzeugte Örsted mehr als 80 Prozent seines Stromes aus fossilen Brennstoffen. 2021 hat sich dieses Verhältnis bereits umgedreht. Örsted hat im Unternehmen die Energiewende aktiv vorangebracht. Der aktive Ausbau der Windenergie und die gleichzeitige Reduktion der fossilen Stromerzeugung haben dafür die Weichen gestellt. Heute ist das Unternehmen führend im Bau von Windparks und hat im Offshore-Windsegment 30 Prozent Marktanteil. Das Unternehmen baut Windparks und beliefert Unternehmen teilweise direkt mit Strom. Beispielsweise hat Örsted im Juli 2021 einen 20-jährigen Stromliefervertrag mit dem größten unabhängigen Auftrags-Chip-Produzenten TSMC aus Taiwan. TSMC stellt beispielsweise die Chips von Nvidia oder AMD her. TSMC nimmt die volle 920-Megawatt-Kapazität der Windfarm Greater Changhua 2b & 4 ab. Außerdem schloss Örsted mit Amazon einen Zehnjahresvertrag, um 250 Megawatt der 900 Megawatt aus dem Windpark Borkum Riffgrund 3 abzunehmen. Die Windturbinen dazu liefert Siemens Gamesa.

Zudem devestiert das Unternehmen aktiv. Der Konzern hat mittlerweile sein Öl- und Gasgeschäft verkauft und erzeugt 90 Prozent des Stroms mit erneuerbaren Energien. Das Unternehmen hat bereits einen enormen Beitrag geleistet, die Kosten für die Realisierung von Offshore-Windprojekten zu senken. Von 2012 bis 2016 fielen die Kosten um über 60 Prozent. Mit einem Mix aus Innovation und Industrialisierung hilft Örsted aktuell auch die Kosten für Wasserstoff zu senken. Dazu plant Örsted für BP eine 50-Megawatt-Elektrolyseanlage bis 2024. Langfristig soll die Größe der Anlage bis zu 500 Megawatt betragen. Außerdem setzt Örsted mit Yara, dem weltweit größten Düngemittelsteller, ein Pilotprojekt zur Herstellung von erneuerbarem Wasserstoff um. Der bisherige fossile Wasserstoff soll ersetzt werden, damit die Ammoniakproduktion klimaneutraler werden kann. Mit dem Pilotprojekt können bis zu 100.000 Tonnen CO_2 jedes Jahr vermieden werden. Die bestehenden Kohlekraftwerke werden bis 2023 durch Biomasse und Windkraft ersetzt, und das Unternehmen hat sich als Ziel gesetzt, bis 2025 CO_2-neutral zu werden. Örsted ist auch international für seinen nachhaltigen Erfolg anerkannt, und so wurde das Unternehmen von 2017 bis 2020 dreimal in Folge als nachhaltigstes Unternehmen der Welt ausgezeichnet. Örsted führte den Corporate Knights Global 100 Index drei Jahre lang an und belegte 2021 den zweiten Platz.[77, 78, 79]

Das zweite sehr erfolgreiche Windenergieunternehmen Dänemarks ist Vestas. Vestas wurde 1945 von Peder Hansen gegründet, um Haushaltsgeräte und Agrargeräte herzustellen. Erst mit der Ölkrise in den 1970er-Jahren kommt Hansen auf die Idee, Windenergie zu nutzen. Vestas experimentiert firmenintern mit einem Konzept, das ähnlich wie ein Schneebesen aussieht. Parallel dazu entwickeln die zwei Schmiede Karl Erik Jorgensen und Henrik Stiesdal 1978 ein Konzept mit drei Rotorblättern. Allerdings fehlte ihnen das Geld für die Produktion. Kurzerhand wandten sich die beiden an Vestas. Vestas testete das neue Konzept mit Erfolg und konnte beide Entwickler als Mitarbeiter gewinnen. Daraus wurde 1979 die erste Windkraftanlage Vestas mit 10-Meter-Rotorblättern und 30 Kilowatt. Mit einem Kilowatt kann man heute circa zwei europäische durchschnittliche Haushalte mit Strom versorgen.

Im Folgenden werde ich davon sprechen, wie viel Kilowatt des Windstroms einem Haushalt entspricht. Damit ist die erzeugte Strommenge gemeint, und mit Haushalt ist die verbrauchte Energiemenge eines europäischen Durchschnittshaushalts gemeint. Das Windrad aus 1979 entspricht circa 60 Haushalten. 1980 sendet das US-amerikanische Unternehmen Zond ein Team nach Europa, um Windturbinen auszusuchen. Während Vestas sich auf den Besuch vorbereitet, erhalten sie den Anruf von Zond, mit der Nachricht, dass sie bereits zufrieden seien mit dem, was sie in den Niederlanden gesehen haben. Kurzerhand steigt ein Vestas-Team in den firmeneigenen Flieger und erreicht drei Stunden später die Niederlande und bekommt einen Auftrag für zwei Turbinen.

1981 gibt es in den USA besondere Steuerbegünstigungen für den Bau von Windrädern. Daraufhin bestellt Zond weitere 155 Turbinen und 1982 erneut 550 Turbinen. 1985 stellte Vestas neue, verbesserte Rotorblätter vor und bekommt einen weiteren Auftrag von Zond über 1.200 Turbinen.

Bei der ersten Lieferung geht alles gut. Bei der zweiten Lieferung allerdings geht die Transportfirma bankrott und die Ware kann nicht rechtzeitig in die USA geschifft werden. Die Ware kommt verspätet an, Zond akzeptiert die Ware nicht mehr und zahlt auch die erste der beiden Lieferungen nicht. Mit 1.200 unverkauften Turbinen und keinem neuen Käufer steht Vestas 1986 am Rande der Zahlungsfähigkeit. Vestas entscheidet sich daraufhin, andere Teile des Unternehmens zu verkaufen und sich fortan nur auf Windkraft zu fokussieren.

1990 stellt Vestas ein neues Rotorblatt vor, dass statt 3.800 kg nur noch 1.100 kg wiegt, und bekommt einen neuen Auftrag aus Kalifornien für 342 Turbinen. 1994 wird der V44 entwickelt, mit 600 Kilowatt und 1995 werden die ersten zehn Turbinen von Vestas Offshore montiert. Mit der Energiemenge eines Windrads können nun schon 1.200 europäische Durchschnittshaushalte mit Strom versorgt werden.

1997 setzt Vestas einen weiteren Meilenstein. Die neuen Turbinen erzeugen 1,65 Megawatt. Ein Windrad entspricht damit schon 3.300 Haushalten. 2003 erreichte Vestas mit dem V90 erstmals 3 Megawatt. Dies entspricht schon 6.000 Haushalten.

Mittlerweile erreicht Vestas mit seinem V162 6,2 Megawatt oder 12.400 Haushalte, was mehr als 200-mal der Leistung der ersten Turbinen aus dem Jahr 1979 entspricht. Ein Windrad kann damit heute circa 12.300 Menschen mehr mit Strom versorgen als 1979. Mittlerweile ist Vestas Weltmarktführer in der Herstellung der Windkraftanlagen mit einem Marktanteil von circa 23 Prozent vor GE mit 17 Prozent und Siemens Gamesa mit 15 Prozent.[80, 81]

Dänemarks Erfolgsgeschichte ist beeindruckend. Ein aktives Zusammenspiel von Bürgern, Staat und Unternehmen zeigt, was möglich ist, wenn alle an einem Strang ziehen.

Wir können Folgendes von Dänemark lernen:

Langfristig angelegte Energiepolitik zahlt sich aus. Dänemark hat mit dem verpflichteten Netzanschluss und der verpflichteten Abnahme von Strom aus Windkraft Planungssicherheit geschaffen. Außerdem hat das Land mit gezielter Subventionspolitik, wie dem Feed-in-Tariff-System, Windkraft methodisch gefördert und den technischen Fortschritt der Windräder beschleunigt. Mittlerweile sind einige Offshore-Projekte bereits ohne Subventionen rentabel.

Außerdem ist es sinnvoll, die Energieversorgung gezielt an die eigenen natürlichen Gegebenheiten anzupassen. Dänemark hat schon in den 1970ern erkannt, dass es günstige Bedingungen für Windkraft hat, verglichen zum Beispiel mit Photovoltaik. Deshalb hat der Staat Windkraft gezielt gefördert. Dadurch wurde der Nährboden für die zwei nationalen Windchampions Vestas und Örsted bereitet. Beide Konzerne exportieren nun den Erfolg Dänemarks in die Welt.

Bürger aktiv beteiligen hilft der Akzeptanz von Windrädern und lässt Bürger, Staat und Unternehmen bei der Energiepolitik an einem Strang ziehen. Schon sehr früh hat die dänische Politik Familien Steuergutschriften gegeben, wenn sie Windräder bauen. Außerdem wurden gemeinsame Bürgerenergieprojekte zum Beispiel durch Bürgschaften des Staates aktiv gefördert.

ZUSAMMENFASSUNG

Es ist sowohl gefährlich, den globalen CO_2-Ausstoß sofort abzuschalten, als auch den Ausstoß nicht ausreichend zu reduzieren. Wichtig ist es, den richtigen Mittelweg zu finden. Der richtige Ansatz dazu ist der Parkticketansatz. Der Ausstoß von CO_2 sollte weiterhin möglich sein, aber erschwert werden und etwas kosten. Der Preis kann mit einer Steuer oder dem Emissionshandel festgelegt werden. Der Emissionshandel legt die Menge fest, der Preis bildet sich durch Angebot und Nachfrage. Die Steuer legt den Preis fest, die ausgestoßene Menge ergibt sich aus Angebot und Nachfrage. Der Vorteil des Emissionshandels ist das dynamische Preissignal und die fixe Begrenzung der Menge. Der Vorteil der Steuer ist, dass die Untergrenze des Ausstoßes flexibel ist und es keine Instabilitäten durch starke Preisschwankungen gibt.

Der **Erdtemperierungshandel**, mein vorgeschlagenes Update des Emissionshandels, ist der Steuer überlegen. Die Steuer wurde auf EU-Ebene nicht eingeführt, weil Steuern »Hoheitsrecht« der Nationalstaaten sind. Der Emissionshandel EU-ETS wurde am 1. Januar 2005 eingeführt. Er deckt mittlerweile mehr als 50 Prozent der Treibhausgasemissionen der EU ab. Der Stromsektor und die Industrie sind die Hauptbestandteile, mittlerweile kamen auch der Luftverkehr und der Seeverkehr neu dazu. Ab 2026 sollen der Straßenverkehr und der Gebäudesektor in einem EU-ETS 2 umgesetzt werden. Die Emissionsrechte wurden zu Beginn kostenlos verteilt, mittlerweile werden circa 50 Prozent der Emissionsrechte versteigert. Das Haupthindernis, alle zu versteigern, ist aktuell der Außenhandel. Ab 2023 soll deshalb schrittweise der Grenzausgleich eingeführt werden. Zeitgleich sollen nach und nach mehr Emissionsrechte versteigert werden.

Kompensationsmärkte, die mit dem Emissionshandel verbunden sind, dienen der Gewissensberuhigung, sind aber schlecht für die Natur. Die fixe Obergrenze des Emissionshandels wird aufgeweicht und er verliert dadurch seine Steuerwirkung und führt sogar dazu, wenn es keine weiteren Maßnahmen wie zum Beispiel einen Mindestpreis gibt, dass die Klimaziele garantiert nicht erreicht werden. Der Emissionshandel benötigt ein Update. Beispielsweise sollte es möglich sein, die Menge an Zertifikaten durch einen Mindestpreis zu reduzieren. Künstlich geschaffene Märkte passen das Angebot nur über solche Mechanismen an. Als während der Pandemie kaum jemand flog, wurde ja auch das Flugangebot an die Flugnachfrage angepasst.

Der Zweck des Erdtemperierungshandels ist, die Temperatur unserer Erde ins Gleichgewicht zu bringen. Die erwerbbaren Rechte sollen **Erderwärmungsrechte** heißen, weil jedes eingelöste Recht die Erde erwärmt. Damit der EU-ETS nicht ständig Reformen benötigt, benötigt es eine neue Institution, die sich um den Erdtemperierungshandel kümmert.

Diese Institution soll **Europäische Klimabank** heißen und soll für die Steuerung der Treibhausgasmenge zuständig sein. Sie ist dem Temperaturziel verpflichtet. Um das Ziel zu erreichen, besitzt sie mehrere Instrumente. Die zwei wichtigsten Instrumente sind die Steuerung der Menge der verkauften Erderwärmungszertifikate und der Mindestpreis. Die Einnahmen des Erdtemperierungshandels sollen in die Förderung klimafreundlicher Technologie und in ein Klimageld fließen. Das Klimageld soll pro Kopf für jeden Europäer gleich gestaltet werden. In einigen Sektoren gibt es noch weitere Hürden, um die Klimaziele zu erreichen. Im Verkehrssektor wird zum Beispiel vieles dadurch blockiert, dass die deutsche Bahn in Staatsbesitz ist. Die Schiene kann in Staatshand bleiben und vom Staat ausgebaut werden. Der Güter- und Personenverkehr sollte privatisiert werden. Das Musterland Dänemark zeigt, wie die Stromversorgung auf erneuerbare Energien funktionieren kann. Die beiden Ölkrisen der 1970er-Jahre hat Dänemark konsequent dazu genutzt, seine Ölabhängigkeit sukzessive durch Windenergie abzubauen. Die staatlichen Organe setzen konsequent auf Bürgermitbeteiligung. Außerdem haben sie ein stabiles Fördersystem für Windenergie aufgebaut. Jetzt kann Dänemark die Früchte ernten und Windenergie »Made in Denmark« durch seine großen Windkonzerne Vestas und Örsted exportieren.

5.
SYSTEMLÖSUNGEN
FÜR DIE
BIODIVERSITÄTSKRISE

Ich spreche eine Warnung bezüglich des ökologischen Defizits der EU aus und zeige dafür eine Lösung auf. Die Lösung soll zuerst anhand des Nahrungsmittelsektors skizziert werden. Dann sollen Wege gezeigt werden, wie man die Lösung auf andere Sektoren übertragen kann.

Zu Beginn möchte ich über das ökologische Defizit sprechen, das durch meine Ernährung entsteht. Viele Jahre lang machte ich mir nicht ausreichend Gedanken über den Einfluss meiner Ernährung auf die Umwelt. Sinnbildhaft dafür war eine Erfahrung aus der Schule. Wir beschäftigten uns mit dem Thema Wasserverbrauch. Nach der Stunde versuchte ich, den täglichen Wasserverbrauch pro Haushalt im Internet herauszufinden. Schließlich hatte ich die Zahl: 125 Liter. Am nächsten Tag präsentierte ich meinem Lehrer die Zahl. Sofort kam mir der Gedanke, wie man diese Zahl im Haushalt verringern kann. Was ich bei meiner Suche damals nicht verstanden hatte: Dieser direkte Wasserverbrauch ist nur ein Bruchteil des Wasserverbrauchs, den wir durch Konsum verursachen.

Allein für die Erzeugung eines Kilogramms Rindfleisch werden 15.000 Liter Wasser benötigt. Dieses Muster des »versteckten Ressourcenverbrauchs« ist keineswegs auf Rindfleisch und Wasser beschränkt. Dazu ein Beispiel. Die Fläche, auf der ein Schwein untergebracht ist, ist nur ein Bruchteil der Fläche, die benötigt wird, um das Futter anzubauen, um das Schwein zu ernähren. Das Problem ist, dass man die Faktoren der Produktion nicht direkt sieht und sie zuerst versteckt bleiben. Mittlerweile ist der Zusammenhang weitreichend bekannt und trotzdem baut die Welt das ökologische Defizit weiter mit alarmierender Geschwindigkeit aus. Eine Vergrößerung dieses ökologischen Defizits würde zu massiven Problemen führen.

Um das Problem zu illustrieren, möchte ich dich auf eine Reise in die zwei Länder Menschenland und Naturland mitnehmen. Menschenland hat einfache Strukturen und die Bewohner produzieren hauptsächlich Nahrung. Durch ihre Arbeit können sich die Menschen in Menschenland mit Nahrung versorgen. Die Menschen betreiben Landwirtschaft. Sie halten Tiere, bestücken Felder und bewirtschaften Teiche. Das Naturland ist eine Heimat für die gesamte Vielfalt an Lebewesen, die ohne den Menschen existiert. Naturland ist die Lebensgrundlage für Menschenland. In ihm leben Insekten, die die Felder der Menschen bestäuben. In ihm ist ein funktionierender Wasserkreislauf vorhanden, der Menschenland mit Trinkwasser versorgt. In ihm speichern Tiere und Pflanzen CO_2 und halten so den Kohlenstoffkreislauf im Gleichgewicht. Dadurch kann Menschenland unter stabilen Klimabedingungen leben. Naturland stellt einen natürlichen Kapitalstock zur Verfügung, der Menschenland ein Leben im Einklang ermöglicht. Der natürliche Kapitalstock wirft Zinsen ab. Bienen, Schwebfliegen, Schmetterlinge und andere Bestäuber bestäuben die Felder im Menschenland. Dadurch können die Menschen von den Erträgen der Felder leben. Bäume werfen Erträge in Form von Holz ab, und der Wasserkreislauf stellt Trinkwasser zur Verfügung. Die Menschen können ihr Leben lang von den natürlichen Zinsen leben.

Irgendwann beschließen die Bewohner von Menschenland, mehr zu arbeiten und Maschinen zu bauen, um die Erträge der Landwirtschaft zu steigern. Es entstehen immer mehr Fabriken. Um diese

Fabriken zu betreiben, wird der Kohlenstoffspeicher von Naturland verwendet. Naturland speichert CO_2 nach dem Ableben von Lebewesen. Es wird unter viel Druck unter der Erde zusammengepresst, bis irgendwann Kohle, Gas und Öl entstehen. Kohle, Gas und Öl werden dann in den Fabriken verwendet, um Maschinen herzustellen. Dadurch sinkt der gespeicherte Kohlenstoff. Neben den Kraftstoffen wird auch Wasser aus dem Wasserkreislauf von Naturland benötigt. Dadurch wird immer mehr Trinkwasser ungenießbar. Die Maschinen, die in den Fabriken hergestellt werden, ermöglichen es, mehr Nahrungsmittel zu produzieren, indem die Flächen intensiver bewirtschaftet werden. Die höhere Produktion führt dazu, dass die Bevölkerungszahl ansteigt. Außerdem werden durch die effizienteren Maschinen weniger Leute in der Landwirtschaft benötigt. Dadurch stellen immer mehr Menschen andere Dinge und immer weniger ihre Nahrung selbst her.

Dies führt dazu, dass die Menschen pro Kopf immer mehr Lebensmittel benötigen, weil Lebensmittel auf dem Transportweg, in der Verarbeitung und bei der Lagerung der Lebensmittel bei dem Endverbraucher verschwendet werden. Anfangs lebten die Menschen von einem Teil der natürlichen Zinsen. Dieser Teil weitet sich nun immer weiter aus. Die Flächen werden intensiver bewirtschaftet, immer mehr Kohlenstoff wird freigesetzt und immer mehr Trinkwasser verschmutzt. Irgendwann überschreitet die Ressourcennachfrage der Menschen die natürlichen Zinsen. Da die Menschen aber weiterhin Nahrung benötigen, wird nun natürliches Kapital abgebaut, um die Nachfrage zu stillen. Es werden vermehrt Pestizide eingesetzt, die die genetische Vielfalt von Insekten reduzieren. Es wird mehr Holz gefällt als nachwächst. Außerdem wird mehr Trinkwasser aus dem Wasserkreislauf entnommen als neues dazukommt. Dadurch sinkt der Grundwasserspiegel.

In allen Beispielen wurde natürliches Kapital abgebaut, und damit ökologische Schuld aufgebaut. Für die ökologische Schuld fallen

Schuldzahlungen an. Trinkwasser wird aufwändig durch Meerwasserentsalzung gewonnen, Obstbäume werden schon von Menschen bestäubt und immer mehr Geld fließt in Maßnahmen, die uns eine Anpassung an den Klimawandel ermöglichen. Je mehr Menschenland die ökologische Schuld ausbaut, desto höher werden die Schuldzahlungen. Die Menschen in Menschenland müssen einen immer höheren Anteil ihrer Arbeitsleistung in die Schuldbegleichung stecken, bis sie irgendwann ihre gesamte Arbeitsleistung in den Erhalt der Biodiversität stecken. Eine Generation Menschen kann zwar vom Naturkapital leben, sie können einen »Freeride« auf Kosten der Natur machen. Die Kosten dafür bezahlen aber die zukünftigen Generationen. Kinder werden Eltern wenig Applaus für diesen »Freeride« spenden.

Was hat diese Geschichte nun mit der Welt zu tun? Mit der Industrialisierung wurde ein immer größerer Teil der natürlichen Zinsen aufgebraucht. 1960 hat die gesamte Menschheit circa 70 Prozent der Erdkapazität benötigt. 1970 wurden erstmals die Zinsen aufgebraucht. Bis 2000 stieg der Verbrauch auf 1,36 der Erdkapazität an und das Defizit weitete sich weiter aus. Mittlerweile benötigt die Menschheit 1,8 Erden. Noch dramatischer ist der Verbrauch der Europäer. Wäre jeder Mensch ein Europäer, wäre der Verbrauch schon 1961 bei 1,3 Erden gewesen und heute bei drei Erden. [82] Die richtige Zeit, um aufzuhören, ökologische Schulden zu machen, ist JETZT. Deshalb schlage ich einen Plan vor, der zeigt, wie uns das gelingen kann. Dabei werde ich mich zuerst auf den Nahrungsmittelsektor der EU konzentrieren. Später werde ich Möglichkeiten vorschlagen, wie man diese Idee auf andere Länder und andere Bereiche übertragen kann.

Wir gleichen das ökologische Defizit des Nahrungsmittelsektors der EU aus, indem wir – wie ich es nenne – Ressourcenzertifikate (RZ) an alle Lebensmittelverkäufer verkaufen. Jeder Lebensmittelverkäufer benötigt RZ im Gegenwert des Ressourcenverbrauchs der Lebensmittel. Der Ressourcenverbrauch soll in (Ressourcen/Kalorie) Menge gemessen werden.

Die Messung der benötigten Ressourcen ist nicht ganz einfach. Es geht darum, Ressourcen wie Wasserverbrauch, Flächenverbrauch und CO_2-Ausstoß zu einer Kennzahl zusammenzufassen. Dazu ist es wichtig, eine sinnvolle Äquivalenz der einzelnen Ressourcen zueinander zu formulieren. Lebensmittel, die mehr Kalorien bei gleicher Masse und Ressourcenverbrauch enthalten, sind besser für die Umwelt. Man kann weniger essen, um den gleichen Kalorienbedarf zu stillen, und damit weniger Ressourcen verbrauchen. Um mehr von einem Lebensmittel herzustellen, benötigt man auch mehr Ressourcen. Daher benötigt man für mehr Menge eines Lebensmittels auch mehr RZ.

DIE UMSETZUNG

Zuerst wird der aktuelle Ressourcenverbrauch der EU im Nahrungsmittelsektor ermittelt. Danach wird der Ressourcenverbrauchswert ermittelt, bei dem keine neuen ökologischen Schulden mehr emittiert werden. Nachdem der aktuelle Wert und der Zielwert bekannt sind, kann ein Weg zum Ziel beschrieben werden. Dieser Weg ist der Reduktionspfad. Er beschreibt den Weg, mit dem man die ökologische Neuverschuldung im Sektor in einem überschaubaren Zeitraum auf 0 senkt. Der Wert des Reduktionspfads ist wiederum die Ausgangsbasis für die Menge an verkauften RZ-Zertifikaten. Die Menge an RZ-Zertifikaten sorgt dann dafür, dass der Reduktionspfad verbindlich umgesetzt wird. Damit dies geschieht, benötigt es eine neue Institution, die den Verkauf der RZ-Zertifikate übernimmt und kontrolliert, ob jedes verpflichtete Unternehmen der Erwerbspflicht nachkommt.

Diese neue Institution, ich nenne sie Europäische Biodiversitätsbank (EBB), soll diese Funktionen übernehmen. Der Verkauf soll an die Lebensmittelverkäufer erfolgen und jeder Lebensmittelverkäufer ist zum Kauf in Höhe des Ressourcenverbrauchs aller Lebensmittel verpflichtet. Die RZ haben eine Laufzeit von zwei Jahren. Damit soll Spekulationen und Banking von Zertifikaten vorgebeugt werden. Als Banking versteht man in diesem Zusammenhang das Aufbewahren der RZ-Zertifikate über mehr als eine Periode. Am Ende des Jahres müssen die RZ im Gegenwert der verkauften Lebensmittel bei der EBB abgegeben werden. Wird dem nicht nachgekommen, fallen Strafzahlungen an und die Verpflichtung zur Abgabe verfällt nicht. Die RZ können dann unter den Marktakteuren gehandelt werden. Das Handelssystem funktioniert nach dem Cap & Trade-Mechanismus. Jeder Akteur kann sein RZ verkaufen und der

Preis bildet sich je nach Angebot und Nachfrage der Zertifikate. Da es sich um einen künstlichen Markt handelt, in dem das Angebot durch den Reduktionspfad festgelegt ist, benötigt man einen Mindestpreis. Der Mindestpreis sorgt dafür, dass RZ nicht unter einem gewissen Preis gehandelt werden. Fallen RZ auf oder unter den Mindestpreis, so kauft die EBB RZ vom Markt. Dadurch wird das Angebot an RZ reduziert und die ökologischen Schulden können sogar schneller als der Reduktionspfad abgebaut werden. Das Angebot an RZ kann dynamisch an die Marktgegebenheiten angepasst werden und es kommt zu keinem Überangebot an RZ in Folge eines Nachfrageeinbruchs. Außerdem stabilisiert sich der Preis. Ein Automobilkonzern, der gerade einen Nachfrageeinbruch erlebt, reduziert die Anzahl der produzierten Autos, bis sich die Nachfrage erholt. Ein künstlicher Markt kann dies ohne zusätzliche Mechanismen nicht. Deshalb braucht der Handel mit den RZ einen Mindestpreis.

DER GELDFLUSS UND DIE UMVERTEILUNG

Die EBB verkauft RZ an Lebensmittelverkäufer. Lebensmittelverkäufern entstehen höhere Kosten proportional zum Ressourcenverbrauch der verkauften Lebensmittel. Die Lebensmittelverkäufer geben die Kosten weiter und erhöhen die Preise entsprechend der Kostenerhöhung der Lebensmittel. Der Preis pro Kilogramm Rindfleisch steigt zum Beispiel stärker an als der Preis der Kartoffel, weil Rindfleisch mehr Ressourcen pro Kalorie verbraucht. Um es einfacher zu machen, gehen wir davon aus, dass die höheren Kosten komplett weitergegeben werden und ein Kostenanstieg um einen Cent zu einem Preisanstieg von einem Cent führt. Die Einnahmen aus dem RZ-Verkauf werden dann an die Lebensmittelverkäufer verteilt, die Lebensmittel verkaufen, die durchschnittlich weniger Ressourcen verbrauchen. Lebensmittelverkäufer senken dann proportional zu den geringeren Kosten die Preise der entsprechenden Lebensmittel. Um die Verteilung zu ermitteln, wird pro Lebensmittel der Ressourcenverbrauch pro Kalorie mit dem Gewicht der verkauften Lebensmittel multipliziert. Dieses Produkt wird von allen Lebensmitteln ermittelt und aufsummiert und anschließend durch das Gewicht aller verkauften Lebensmittel geteilt. Damit wird der durchschnittliche Ressourcen-pro-Kalorien-Wert ermittelt. Er bestimmt, ob für das jeweilige Lebensmittel eine Rückzahlung stattfindet. Für Lebensmittel unter der Grenze bekommen die Verkäufer eine Zahlung, für Lebensmittel darüber nicht. Schließlich wird die Differenz zwischen Durchschnitt und Ressourcen pro Kaloriewert der Lebensmittel berechnet und mit dem verkauften Gewicht multipliziert. Dieser Wert wird von allen relevanten Lebensmitteln ermittelt und dazu verwendet, die Einnahmen proportional zu verteilen. Um den gesamten Sachverhalt zu erklären, hier ein kleines Rechenbeispiel:

Ressourcen=R, Kalorien=K, Gewicht=G, Euro=E, Durchschnitt=D, Lebensmittel=L, Lebensmittelkategorie=LK, Kosten=€, Anstieg=+, Senkung=-
Welches globale Budget korrespondiert mit dem 55-Prozent-Ziel der EU?

Es wird dabei für vier verschiedene Szenarien berechnet, wie viel CO_2-Budget die EU hat, um 55 Prozent Emissionsreduktion bis 2030 zu erzielen.

Szenariotyp	RM-3-lin	RM-4-quadr	RM-5-rad	RM-6-abs
Globales CO_2-Budget ab 2020 in Mrd. t	720	607	799	588
EU-CO_2-Budget ab 2020 in Mrd. t	45,2	38,1	50,1	36,9
Zieljahr	Reduktionssätze gegenüber den Emissionen im Referenzjahr 1990			
2025	-42 %	-41 %	-42 %	-41 %
2030	-55 %	-55 %	-55 %	-55 %
2035	-68 %	-71 %	-66 %	-70 %
2040	-77 %	-84 %	-75 %	-85 %
2045	-85 %	-93 %	-82 %	-99 %
2050	-90 %	-98 %	-87 %	-100 %
Jahr CO_2-Neutralität	2071	2052	2086	2045

Lebensmittelverkäufer, die im Schnitt durchschnittlich nachhaltige Lebensmittel verkaufen, gemessen am Verhältnis Ressource pro Kalorie, bekommen kein Geld aus dem, wie ich es nenne, Lebenserhaltungssystem. Lebensmittelverkäufer mit höherem durchschnittlichen Ressourcenverbrauch sind Nettozahler, die mit geringerem durchschnittlichen Ressourcenverbrauch sind Nettoempfänger. Je nachhaltiger die Produkte, die ein Lebensmittelverkäufer anbietet, desto mehr Geld bekommt er. Dies führt dazu, dass das Interesse jedes Lebensmittelverkäufers steigt, nachhaltigere Produkte anzubieten, und der Schnitt aller Lebensmittel nachhaltiger wird. Das System sorgt dafür, dass die Verkäufer, die sich langsamer anpassen, für die bezahlen, die sich schneller anpassen.

WIESO BEZAHLEN DIE LEBENSMITTELVERKÄUFER?

Grundsätzlich spielt es keine Rolle, wer die Abgabe leistet. Die Frage, wer die Zahlung abführt, bestimmt nicht, wer die ökonomische Last trägt. Der Erwerb von RZ-Zertifikaten ist mit Kosten verbunden. Es kostet Zeit und Geld, sich mit dem Lebenserhaltungssystem und seiner Funktionsweise auseinanderzusetzen. Deshalb ist es am sinnvollsten, wenn möglichst wenig Akteure verpflichtet sind, die RZ zu erwerben. Zur Auswahl stehen die Verbraucher, die Lebensmittelerzeuger sowie die Lebensmittelverkäufer. Welche Wahl am sinnvollsten ist, möchte ich anhand der deutschen Gegebenheiten erläutern. In Deutschland leben circa 80 Millionen Verbraucher. Das heißt, die Pflicht den Verbrauchern zu übertragen, wäre mit enormen Kosten verbunden. In Deutschland gibt es in etwa 260.000 Landwirte, die Lebensmittel erzeugen. Davon gibt es circa 1.500 Landwirte, die mehr als 1.000 Hektar bewirtschaften. Zusammen haben diese 1.500 Landwirte einen Marktanteil von 15 Prozent unter den Landwirten. Nun zu den Lebensmittelverkäufern. In Deutschland haben die vier Supermarktketten Edeka, Rewe, Aldi und die Schwarz-Gruppe circa 70 Prozent Marktanteil im Lebensmittelverkauf. Daraus folgt, dass die Kosten für die Umsetzung des Lebenserhaltungssystems in Deutschland am niedrigsten sind, wenn der Lebensmittelverkäufer die Pflicht trägt. Folgende Gründe veranlassen mich, diese Schlussfolgerung auch auf Europa zu übertragen. Das deutsche BIP macht mehr als 20 Prozent des BIPs der EU aus. Außerdem ist der bestehende Unterschied zwischen Verbraucher, Produzent und Verkäufer sehr deutlich.

DIE EUROPÄISCHE BIODIVERSITÄTSBANK – EINE NOTWENDIGE INSTITUTIONELLE LÖSUNG

Das Beispiel des EU-ETS zeigt, dass sich Marktgegebenheiten dynamisch ändern können und es dafür Anpassungen braucht. Der eine Weg, dies zu tun, ist je nach veränderter Marktlage immer wieder neue Reformen zu beschließen. Der andere Weg ist, Verantwortung an geeignete Verantwortliche zu übertragen und ihnen umfangreiche Möglichkeiten einzuräumen, Anpassungen vorzunehmen. Der Weg über die Verantwortung ist darauf ausgerichtet, dass sich das Marktumfeld dynamisch ändert und nicht statisch bleibt. Deshalb habe ich für den Klimaschutz die Gründung einer Europäischen Klimabank vorgeschlagen.

Die Argumentation bezüglich der Biodiversität ist ähnlich. Auch hier benötigt es ein Instrumentarium, das Marktdesign dynamisch anzupassen. Deshalb schlage ich vor, eine Europäische Biodiversitätsbank (EBB) zu gründen. Sie soll die Koordinierung und Kontrolle des Lebenserhaltungssystem übernehmen. Ein Einzelner von uns kann diese Koordinierung kaum leisten, die Entscheidung eines jeden Menschen in seiner Entscheidung zu berücksichtigen. Die europäischen Regierungen stehen vor so vielen komplexen Herausforderung, dass es hier eine Entlastung braucht, die auch unabhängig von einer einzelnen Legislaturperiode funktioniert. Die EBB ist genau dafür zuständig.

Die Mission der EBB ist, die Biodiversität in Europa zu erhalten. Im Fall der Fälle kann sie auch europäischen Regierungen gegenüberstehen, wenn diese zu wenig für den Erhalt der Biodiversität machen. Die EBB sollte sowohl zentral in der EU verankert sein als auch national, im Idealfall mit bereits existierenden Institutionen wie den Umweltbundesämtern der europäischen Länder verbunden sein.

Die Entscheidungsträger der EBB sollten »Haut im Spiel« haben und die Auswirkungen ihrer Entscheidungen auf die Biodiversität selbst hautnah spüren. Deshalb sollten zum Beispiel Indigene mitentscheiden, weil ihre Nahrungsgrundlage direkt von dem Zustand der Ökosysteme abhängt, in denen sie leben. Dabei sollten sowohl europäische Indigene als auch Indigene aus aller Welt vertreten sein. Die Auswirkungen unseres Handelns in Europa bleiben nicht auf unseren Kontinent begrenzt, sondern sind immer auch global zu spüren.

Ebenso wichtig ist die wissenschaftliche Beteiligung durch ihr detailliertes Wissen über den Zustand der Ökosysteme. Die EBB verkauft die RZ und verteilt das Geld auf andere Lebensmittel um. Außerdem besitzt die EBB einige Instrumente zur Steuerung der RZ-Menge. Die EBB kann die Menge an RZ direkt steuern. Damit limitiert sie den maximalen Impact des Nahrungsmittelsektors auf die Biodiversität. Ein weiteres Instrument ist der Mindestpreis. RZ, deren Preis kleiner oder gleich dem Mindestpreis ist, werden von der EBB aufgekauft und gelöscht. Damit kann die vorher festgelegte Menge an RZ im Fall fallender RZ-Preise weiter reduziert und das Angebot an die Nachfrage angepasst werden. Außerdem sollte es der EBB möglich sein, RZ nach Bedarf aufzukaufen und zu löschen. Damit kann die Biodiversität verbessert werden. Zudem sollte es der EBB möglich sein, kurzfristig neue RZ zu verkaufen, wenn der Preis so hoch ist, dass er die soziale Stabilität gefährden würde. Allerdings sollten diese Zertifikate von der EBB innerhalb eines überschaubaren Zeitraums wieder vom Markt gekauft werden. Dadurch wird der Effekt durch das kurzfristige Verkaufen von RZ-Zertifikaten wieder ausgeglichen.

DIE EUROPÄISCHE BIODIVERSITÄTSBANK

EINBETTUNG DES HANDELSSCHEMAS IN DIE GLOBALE WELT

Das Lebenserhaltungssystem, für das die EBB die Verantwortung trägt, ist für die EU ausgelegt. Nun leben wir aber in einer globalen Welt. Damit das System auch im globalen Kontext funktioniert und nicht zum Nachteil der EU-Unternehmen wird, benötigt es einen Grenzausgleich. Das heißt, dass Unternehmen im Nahrungsmittelsektor außerhalb der EU, die nicht Teil des Lebenserhaltungssystem sind, verpflichtet sind, einen Ausgleich zu zahlen. Diese Pflicht besteht, solange sie nicht Teil eines ähnlichen Systems in ihrem Heimatland sind. Die Zölle sollten dabei den Kosten entsprechen, die ein europäisches Unternehmen im Rahmen des Lebenserhaltungssystem mehr bezahlen müsste. Die eingenommene Summe soll dann ebenfalls auf die ressourcensparenden Lebensmittel umverteilt werden. Der Umverteilungsmechanismus soll dabei die eingenommene Summe auf die ressourcenschonenden importierten Lebensmittel verteilen, nach dem Mechanismus der Umverteilung im Lebenserhaltungssystem.

ANDERE SEKTOREN

Die Idee ist, auch in anderen Sektoren eine Kennzahl zu finden, nach der man den Ressourcenverbrauch bepreisen und sparsame Lösungen preislich besserstellen kann. Im Ernährungssektor ist diese Kennzahl Ressource pro Kalorie. Im Bausektor wird es eine andere Kennzahl sein, im Verkehrssektor ebenso. Wichtig ist nur, dass diese Bepreisungssysteme nicht miteinander gekoppelt werden. Durch die Koppelung kann es passieren, dass durch einen starken Preisanstieg ein kompletter Sektor aus dem Markt gedrängt wird. Außerdem basieren die Sektoren jeweils auf einer anderen Kennzahl.

WAS IST DIE INTENTION DES LEBENSERHALTUNGSHANDELS?

Der Lebenserhaltungshandel sorgt dafür, dass nachhaltige Lebensmittel günstiger werden und nicht nachhaltige teurer. Letztlich ist es ein System, das unsere Lebensgrundlage mitdenkt und in unsere soziale Marktwirtschaft integriert, damit die Natur auch Teil der gedanklichen Modelle wird, die die Gesellschaft leiten.

Der Lebenserhaltungshandel ist wie das Meer mit seinen Gezeiten. Die Wassermenge an Ausgaben durch den Lebenserhaltungshandel bleibt gleich. Der Unterschied ergibt sich in der Verteilung. Auf der einen Seite gibt es die Ebbe, auf der anderen die Flut. Die nachhaltigen Lebensmittel werden mit einer Wasserflut unterstützt, wohingegen nicht nachhaltigen Lebensmitteln langsam das Wasser entzogen wird. Dabei ist das System so konzipiert, dass Lebensmittelverkäufer, die aktiv nachhaltigere Lebensmittel verkaufen, profitieren und die Flut sogar verstärken. Dadurch gibt es einen selbstverstärkenden Feedbackloop. Die Kunden werden angeregt, nachhaltigere Produkte zu kaufen, einige Unternehmen passen sich dem an und profitieren durch die höhere Nachfrage und die Zahlungen aus dem Lebenserhaltungssystem. Damit haben sie mehr Geld, um in ein noch nachhaltigeres Nahrungsmittelsortiment zu investieren. Das senkt die Preise weiter für nachhaltige Lebensmittel. Dadurch kaufen Kunden noch mehr bei dem Lebensmittelverkäufer ein und so weiter.

ZUSAMMENFASSUNG

Das ökologische Defizit der EU steigt weiterhin an. Deshalb braucht es einen Weg, den Ausbau des Defizits zu stoppen. Eine Zeit lang hat die Menschheit von den natürlichen Zinsen gelebt, bis etwa ab 1970 die Menschen begannen, vom natürlichen Kapital zu leben. Der Fokus liegt darauf, den Nahrungsmittelsektor mit einem Preissystem so anzupassen, dass das Defizit gestoppt wird. Dazu werden Lebensmittel mit viel Ressourcenverbrauch pro Kalorie teurer und Lebensmittel mit wenig Ressourcenverbrauch pro Kalorie billiger. Zuständig für dieses Lebenserhaltungssystem ist die Europäische Biodiversitätsbank (EBB). Sie soll gegründet werden und mit Kompetenzen ausgestattet werden, sodass sie den Lebensmittelerhaltungshandel bei Bedarf zusätzlich verbessern kann. Die Hauptkompetenzen sind die Steuerung der Ressourcenzertifikatmenge RZ und des Mindestpreises. Wichtig ist dann auf EU-Ebene der Grenzausgleich, damit inländische Lebensmittelverkäufer nicht gegenüber ausländischen benachteiligt werden. Die Inspiration für das System sind Ebbe und Flut. Nichtnachhaltige Lebensmittel sollen immer weniger Wasser und damit Einnahmen bekommen, wohingegen nachhaltige Lebensmittel immer mehr bekommen sollen.

6.
KONKRETE LÖSUNGEN
FÜR DIE BIODIVERSITÄT

Das vorangegangene Kapitel befasste sich mit der Fragestellung, wie der Ressourcenverbrauch richtig bepreist werden kann, insbesondere im Nahrungsmittelsektor. Das vorgestellte Lebensmittelerhaltungssystem soll den nachhaltigen Wandel fördern, das heißt Lebensmittel, die besser für die Biodiversität sind, günstiger und die, die es nicht sind, teurer machen. Es geht also um die Verschiebung der Nachfrage und damit der Förderung des Anbaus von ressourcenschonenderen Lebensmitteln. In diesem Kapitel soll es um die verschiedenen Möglichkeiten gehen, Ressourcen einzusparen: Lebensmittelrettung, Vertical Farming und Nahrungsmittelgewinnung aus Stammzellen. Diese Einsparungen entlasten die Ökosysteme. Der einfachste Schritt ist, weniger Lebensmittel wegzuwerfen, weil es dann weniger Lebensmittelanbau benötigt. Vertical Farming reduziert den Platzbedarf, durch den Anbau auf mehreren Ebenen. Der Anbau mittels Stammzellen baut nur den Teil des Tieres oder der Pflanze an, der auf den Teller kommt. Am Schluss soll noch aufgezeigt werden, welche Kostensenkungen durch ambitionierte Projekte entstehen können.

LEBENSMITTEL RETTEN

Der erste Schritt ist, die produzierten Lebensmittel besser zu verwerten. Pro Person werden in der EU 173 Kilogramm Lebensmittel weggeworfen. 93 Kilogramm davon werfen die Verbraucher weg und 80 Kilogramm werden bereits auf dem Weg zum Verbraucher in den verschiedenen Verarbeitungsschritten vernichtet.[83] Der Abfall der Verbraucher wird im Kapitel »Was jeder von uns tun kann« behandelt.

Hier soll es darum gehen, die 80 Kilogramm Abfall auf dem Weg zum Verbraucher zu reduzieren. Die Gründe für den Abfall sind vielfältig: Die Tomate, deren Farbe nicht dem Verkaufsideal entspricht, die Tomate mit kleinem Riss, der krumme Rettich, die Banane mit braunen Stellen. Vielen Gründen liegt ein Perfektionsstreben zugrunde, aber zu welchem Preis? Nicht jeder Mensch entspricht dem »Schönheitsideal«, aber ist nicht gerade diese Unperfektheit das, was jeden Menschen einzigartig macht? Ist der krumme Rettich nicht genauso viel wert? Andere Lebensmittel bleiben an Verkaufsständen übrig, meist weil es mehr Angebot als Nachfrage gibt. Möglichst viel Auswahl wird von vielen Kunden geschätzt, doch auch diese Auswahl hat ihren Preis. Wieder andere Lebensmittel haben das Mindesthaltbarkeitsdatum überschritten und werden in den Müll geworfen, ohne dass deren Verzehrmöglichkeit nochmals geprüft wird.

Die Gründe sind vielschichtig, die Auswirkungen die gleichen. Wir Menschen verbrauchen mehr Ressourcen als nötig, um uns mit Nahrung zu versorgen. Dadurch benötigen wir mehr Platz und reduzieren den Platz der Natur und damit die Biodiversität. Das Potenzial, Lebensmittel zu retten, ist riesig, die Nutzung dieses Potenzials steht dagegen erst am Anfang. In Deutschland werden jährlich

Fertiggerichte im Wert von 61 Milliarden Euro verkauft, darunter wurden lediglich 19 Millionen mit Fertiggerichten aus geretteten Lebensmitteln umgesetzt. Dies entspricht gerade einmal einem Anteil von 0,03 Prozent! Von den 190 Franchiseunternehmen mit ihren 23.800 Franchisenehmern in Deutschland verkauft bisher kein einziges gerettete Lebensmittel, und bei den Restaurants ohne Franchise gibt es nur ein Restaurant in Europa.

Ein besonderes Social Business aus München will das ändern. Die Community Kitchen wurde von den beiden Macherinnen Günes Seyfarth und Judith Stiegelmayer ins Leben gerufen und wird von vielen ehrenamtlichen Helfern unterstützt. Günes ist Mutter und soziale Unternehmerin. Mit ihrer Energie und ihrem Tatendrang setzt sie »ungewollte« Lebensmittel in Bewegung. Jeder kann die Community Kitchen unterstützen und selbst Lebensmittelretter werden. Das Motto der Community Kitchen ist, dass jeder mit seinen Fähigkeiten beitragen kann. Jeder kann dort nachhaltig wirken. Die Örtlichkeit befindet sich in der ehemaligen Kantine eines großen deutschen Versicherungskonzerns. Die Community Kitchen erarbeitete ein Zwischennutzungskonzept unter dem Motto »Shaere«. Neben dem Restaurant gibt es Räume für Meditation, Yoga, eine Werkstatt, eine Bibliothek und vieles mehr. Laut Günes kann hier jeder Mensch Mensch sein und jeder Besucher ist herzlich willkommen. Immer öfter finden auch Schulklassen den Weg in die Community Kitchen. Jede Woche zwischen vier und fünf. Je nach Alter der Schüler wird ein spezielles Programm für die Schulklasse erstellt, um ihnen das Retten von Lebensmitteln näherzubringen. Mit allen Sinnen wird den Kindern vermittelt, welche Lebensmittel noch verzehrt werden können und welche nicht. Dabei dürfen sie dann erstaunt feststellen, dass viele Lebensmittel noch gegessen werden können. Interessierte Schulen können sich direkt an die Community Kitchen wenden. Neu in der Community Kitchen ist das Angebot an Convenience-Produkten. Seit Neuestem gibt es gerettete Lebensmittel aus dem Glas. Diese Gläser können direkt in der Community Kitchen oder online gekauft werden. Dabei gibt es eine breite Auswahl vom Gemüsemix bis Schokomüsli. Neben den Convenience-Produkten kann man im Restaurant in Neuperlach Speisen aus geretteten Lebensmitteln genießen. Pro Tag werden bereits bis zu 200 Mahlzeiten serviert.

Ein weiteres Konzept zur Reduktion von Lebensmittelabfällen liegt dem des Unternehmens Too Good To Go zugrunde. Das Unternehmen wurde 2015 gegründet und bietet via App überschüssige Lebensmittel an. Restaurants und Geschäfte können sich in der App registrieren und ihre überschüssigen Lebensmittel am Ende des Tages zum Kauf anbieten. Die Lebensmittel werden in sogenannten Magic Bags angeboten. Magic deshalb, weil der Inhalt der übrig gebliebenen Nahrungsmittel bestimmt wird. In der App können Kunden ihren Wohnort eingeben und sehen, welche Unternehmen bei Too Good To Go teilnehmen. Die App zeigt die Bewertung des Angebots, die Distanz, den Preis und die Uhrzeit an, wann man die Magic Bags abholen kann. Die App ist ein Gewinn für die teilnehmenden Unternehmen, weil sie Lebensmittel verkaufen, die sie sonst nicht mehr verkaufen würden. Die Kunden profitieren von günstigeren Preisen, und die Umwelt profitiert durch den niedrigeren Ressourcenverbrauch. Die Start-up-Phase hat Too Good To Go mittlerweile hinter sich gelassen. Das Unternehmen hat bereits über 25 Millionen Nutzer und mehr als 45 Millionen Mahlzeiten gerettet.[84]

ZUSAMMENFASSUNG

Beide Konzepte führen dazu, dass Lebensmittel gerettet werden. Too Good To Go sorgt dafür, dass Restaurants und Geschäfte weniger wegwerfen. Community Kitchen rettet Lebensmittel und verarbeitet sie zu schmackhaften neuen Gerichten. Die Art der Rettung ist unterschiedlich, die Wirkung ist gleich. Die Biodiversität wird entlastet.

VERTICAL FARMING

Vertical Farming ist der Anbau von Pflanzen auf mehreren Ebenen. Durch die verschiedenen Ebenen kann mehr pro Fläche angebaut werden. Der Anbau findet in einem geschlossenen System statt. Der Vorteil eines geschlossenen Systems ist, dass weniger Wasser verbraucht wird. Zudem gelangen überschüssige Düngemittel nicht in das Grundwasser und es kann auf den Einsatz von Pestiziden verzichtet werden. Die Wassermenge und die Luftfeuchtigkeit können kontrolliert werden. Außerdem kann das Licht kontrolliert werden, sofern auf künstliches Licht zurückgegriffen wird.

Die eher kleinen Vertical Farms werden meist in einem Gewächshaus umgesetzt. Sie können auf viel natürliches Licht zurückgreifen. Große Vertical Farms ähneln eher großen Industriegebäuden und haben meist kaum Glasfassaden. Dadurch wird das Pflanzenwachstum meist mit künstlichem Licht gesteuert.

AQUAPONICS

Aquaponics kombiniert den Pflanzenanbau und die Fischzucht in einem Kreislauf. Die Symbiose von Pflanze und Fisch spart viele Ressourcen. Es wird weniger Wasser für den Anbau benötigt und kein zusätzlicher Dünger für die Pflanzen. Aquaponics besteht aus drei Elementen: der Fischzucht, dem Filtersystem und dem Wachstumsbett für die Pflanzen. Die Fischzucht findet in einem Tank statt. Tilapia, ein Buntbarsch aus Afrika, eignet sich am besten für die Fischzucht. Er ist robust gegenüber Temperaturschwankungen und hat geringere Ansprüche an die Wasserqualität. Die »launische« Forelle wäre zum Beispiel nicht geeignet, da sie wenig tolerant gegenüber hohen Temperaturen ist. Die Verunreinigungen durch die Fische setzen sich am Boden ab und gelangen in ein Filtersystem. Ammoniak wird aus dem Wasser gefiltert und über Zwischenschritte in Nitrat umgewandelt. Das aufbereitete Wasser gelangt dann in spezielle Einbettungen für Pflanzen. Wenn die Pflanzen die Nährstoffe aufgenommen haben, gelangt das Wasser wieder in den Fischbehälter. Das Wasser ist gereinigt und mit Sauerstoff angereichert. Dadurch schließt sich der Kreis.[85]

HYDROPONICS UND AEROPONICS

Hydroponics ist der Anbau von Pflanzen in einer Nährstofflösung. Einer der Hauptvorteile ist, dass viel weniger Wasser benötigt wird als bei anderen Anbauformen. Je nach angebauter Pflanze kann bis zu 90 Prozent weniger Wasser verbraucht werden. Die Wurzeln der Pflanze befinden sich in einer Nährstofflösung. Diese besteht unter anderem aus Stickstoff, Phosphat und Kalium. Damit sich keine Algen in der Nährstofflösung bilden, ist es wichtig, dass die Nährstofflösung zirkuliert. Die Pflanzen werden in Netztöpfe gesteckt und mit Blähton ausgefüllt. Sehr gut eignen sich zum Beispiel Salate oder Kräuter wie Petersilie, Minze oder Oregano. Die Wasserschicht kann dabei dünn sein, sodass man auf möglichst vielen Ebenen pro Meter Höhe Hydroponics betreiben kann. Dadurch kann man sehr viel mehr Salat pro Fläche produzieren und den Flächenverbrauch reduzieren. [86]

Aeroponics benötigt ebenso wie Hydroponics keine Erde. Allerdings befindet sich die Pflanze nicht in der Nährstofflösung, sondern die Wurzeln werden mit der Nährstofflösung besprüht. In ein Rohr werden Löcher gebohrt, in die die Pflanzen gesteckt werden. Unter den Pflanzen sind Sprühköpfe, durch die die Nährstofflösung auf die Wurzeln der Pflanze gesprüht werden kann. Durch das Sprühen wird die Nährstofflösung mit Sauerstoff angereichert. Das fördert das Pflanzenwachstum. Aeroponics sorgt daher für schnelleres Wachstum als Hydroponics. Außerdem wird vermieden, dass die Pflanzen zu wenig Sauerstoff bekommen. Zudem ist Aeroponics unabhängig von der Gravitation, es kann also auch im Weltraum betrieben werden. Aeroponics lässt die Pflanzen am schnellsten wachsen, man kann nahezu jede Pflanze anpflanzen und es funktioniert unabhängig von der Gravitation. Der Knackpunkt sind oft die Kosten. Die Rohrsysteme sind teuer und technisch aufwändig zu designen.[87]

MEINE VERTICAL FARMING-ERFAHRUNG

Ich habe der Association for Vertical Farming (AVF) geholfen, einen Wachstumsraum für Saffran zu bauen. AVF ist eine führende Non-Profit-Organisation für internationale Kooperation und Zusammenarbeit im Vertical Farming. AVF wurde 2013 in München gegründet und wird von der Chairwoman Christine Zimmermann-Loessl geleitet. Sie und die gesamte Organisation haben ein besonderes Geschick, großartige Menschen zusammenzubringen, um ambitionierte Projekte umzusetzen. Mit ihrer freundlichen und zielstrebigen Art setzt sie Projekte in Rekordzeit um. 2021 wurde ein Plan entwickelt, hochwertige Nahrungsmittel in einem Demoprojekt anzubauen. Dr. Ardalan Ghilavizadeh, erfahrener Agrarberater und Saffranspezialist, sorgte mit seinem enormen Fachwissen über die Saffrankultur dafür, dass der Saffran richtig angebaut wurde. Christine Zimmermann-Loessl besitzt das Talent, multikulturelle Teams zu bilden, sie zu führen und sie zum Erfolg zu führen. Viele andere Organisationen haben schon versucht, Saffran in einer Vertical Farm anzubauen – mit gemischtem Erfolg. Gerade deshalb ist es eine besondere Leistung, dieses Projekt von Materialbeschaffung bis Ernte in unter sechs Monaten umzusetzen. Dr. Ardalan lehrte mich, den Saffran zu schätzen, und brachte mir die vielen heilenden Wirkungen des Saffrans näher. Bei der Planung des Projekts durfte auch der persische Tee nicht fehlen. Der hat der Planung auf keinen Fall geschadet. Die Kooperationspartner Sananbio, Growpipes und Bluelab von AVF unterstützten das Projekt mit Material.

Saffran ist das teuerste Gewürz nach Gewicht, weil nur ein kleiner innerer »Faden« der Blüte verwendet wird. Dieser Teil wird manuell geerntet. Mehr als 50 Prozent des weltweiten Saffrans kommt aus dem Iran. Der Wachstumszyklus der Saffranzwiebel dauert circa drei bis vier Monate. Je nach Wachstumsstadium wird eine andere Luftfeuchtigkeit benötigt. Das Schöne an der Vertical Farm ist, dass die Luftfeuchtigkeit genau gesteuert werden kann, anders als in der Natur. Die Saffranzwiebeln werden einem Kälteschock ausgesetzt und zwei Wochen später fangen sie an zu blühen. Die ersten Blüten deuten sich durch grüne Austriebe an. Am Ende blüht der Saffran in wunderschönem Lila. Das eigentliche Saffrangewürz wird aus einem roten Faden in der Blüte hergestellt. Dazu wird der Faden manuell von der Blüte getrennt. Anschließend wird der rote Faden bei 45 Grad für zwei Stunden getrocknet, und damit bleibt der fertige Saffran übrig. Aus 1.000 Kilogramm Saffranzwiebeln kann man am Ende circa ein Kilogramm getrockneten Saffran herstellen.[88]

Damit das in einer Vertical Farm gelingt, ist sehr viel Spezialwissen über Saffran gefragt. Entscheidende Faktoren für das Gelingen von Vertical Farming-Projekten ist Spezialwissen über das Anbauprodukt und die Fähigkeit multikulturelle und multidisziplinäre Teams zu führen. Niedrige Energiekosten und hohe Automatisierung der Prozesse bleiben die Hauptherausforderungen für die größere Skalierung.

STAMMZELLEN – EIN EFFEKTIVER WEG ZUM LEBENSMITTEL

Stell dir vor, man könnte Fleisch konsumieren, ohne vorher ein Tier zu schlachten, ohne Medikamente einzusetzen und ohne die Umwelt zu belasten. Genau das versucht die Fleischproduktion mittels Stammzellen. Doch wie funktioniert diese Fleischherstellung?

Zuerst werden Stammzellen aus dem Muskelgewebe einer Kuh entnommen. Diese werden in eine Petrischale gegeben. Hinzu kommen ein pflanzliches Wachstumsserum sowie eine Nährstofflösung. Nachdem sich die Stammzellen vermehrt haben, werden sie in einen Behälter zur Kultivierung gegeben. In diesem Behälter findet die Entwicklung der Muskelfasern statt.[89]

Eines der führenden Start-ups in diesem Bereich ist das israelische Unternehmen Future Meat. Es fokussiert sich auf die Herstellung von Hähnchenfleisch. Es wurde 2018 unter anderem von Prof. Yaakov Nahmias von der Hebrew University of Jerusalem gegründet. Auf Basis seiner Forschungsarbeiten wurde 2021 eine große Produktionsstätte errichtet. Pro Tag können dort 500 Kilogramm Fleisch produziert werden. Für den Aufbau hat Future Meat 347 Millionen Dollar gesammelt.[90]

Hier ein Überblick über die aktuellen Zahlen von Future Meat verglichen mit dem klassischen Hähnchen.[91]

	Hähnchen	Future Meat Hähnchen
CO_2-Ausstoß	4 kg CO_2e	1 kg CO_2
Flächenverbrauch	10 qm	0,1 qm
Wasserverbrauch	5.000 l	200 l
Kosten	8 Euro	16 Euro

Das Future Meat Hähnchen schneidet in den Kategorien CO_2-Ausstoß, Flächenverbrauch und Wasserverbrauch besser ab. Einzig die Kosten sind aktuell noch doppelt so hoch. Diese werden aber mit der Weiterentwicklung der Technik sinken und bald unter den Kosten der konventionellen Fleischproduktion liegen. Das Fleisch ist dabei aus den gleichen Zellen entstanden, aus dem es auch wäre, wenn ein Tier geschlachtet worden wäre.

Aktuelles Problem bei vielen Unternehmen ist der Zulassungsprozess. Bisher wurden nur die Produkte von JustEat, bekannt unter GOOD Meat, zum Verkauf zugelassen. Sie verkaufen Hähnchenfleisch in Singapur seit Dezember 2020. Ende 2022 soll ein Werk in Kalifornien entstehen mit der Kapazität, 15 Millionen Kilogramm Fleisch zu produzieren.[92]

Mit Stammzellen kann nicht nur Fleisch hergestellt werden, sondern auch pflanzliche Nahrungsmittel. So forscht das technologische Forschungszentrum VTT an der Herstellung von Kaffeebohnen aus Stammzellen. Mittlerweile stellen sie erste Kaffeebohnen mittels Stammzellen her. Der Kaffee schmeckt und riecht wie konventioneller Kaffee. Auch bei Kaffeebohnen kann das neue Herstellungsverfahren dazu beitragen, die CO_2-Emissionen zu reduzieren. 1 Kilogramm gerösteter Kaffee hat einen CO_2-Ausstoß von 15 Kilogramm, was bei einem Konsum von 9,5 Milliarden Kilogramm jährlich 150 Millionen Tonnen CO_2-Ausstoß ausmacht.[93, 94]

DAS HUMAN GENOME PROJECT

Ambitionierte Projekte helfen die Kosten für wichtige Herstellungsprozesse zu senken. Das Human Genome Project ist dafür ein eindrucksvolles Beispiel. Die Kosten für die Entschlüsselung einer menschlichen DNA sind seit Abschluss des Projekts 2003 um den Faktor 3 Millionen (!) gesunken. Die Entschlüsselung der ersten menschlichen DNA hat 3 Milliarden Dollar gekostet. Heute kostet eine DNA-Entschlüsselung 1.000 Dollar. Das Human Genome Project hat viele technologische Durchbrüche gefördert. Zahlreiche Früchte konnten in der Folgezeit geerntet werden. Es gab vielen Biologen ein gemeinsames Ziel, und es brachte die Menschheit enorm voran. Aus diesem Grund möchte ich die Geschichte des Projekts und ihrer Helden etwas ausführlicher erzählen.

Das Projekt entstand von unten nach oben. Viele Jahre lang diskutierten führende Biologen auf Konferenzen über die Entschlüsselung des menschlichen Genoms. Eine zwölfköpfige Gruppe führender Biologen gab den Startschuss 1989 im Konferenzsaal der National Institutes of Health (NIH) in den USA. James Watson wurde erster Leiter des Human Genome Projects. Watson entdeckte 1953, gemeinsam mit Francis Crick, die Struktur der DNA. Für das Human Genome Project schlug Watson 15 Jahre Laufzeit vor, wobei sich erste Ergebnisse nach fünf Jahren abzeichnen sollten. James Wyngaarden war Direktor für nationale Gesundheit der NIH. Ihm war es wichtig, dass das Projekt zusätzliche Untersuchungen zu den sonstigen wissenschaftlichen Forschungen in der Biologie anstößt. Wyngaarden veröffentlichte ein Standardwerk für innere Medizin.

Watson zeichnete sich durch seine Zielstrebigkeit aus. Er verteidigte das Human Genome Project vor dem Patron des US-Kongress. George W. Bushs Regierung wollte das Budget kürzen. Watson stellte besonders die Bedeutung des Projekts für die Heilung von Krankheiten heraus. Durch seine Anstrengungen konnte er die Finanzierung sichern. Zudem rekrutierte er aktiv Mitarbeiter aus Privatfirmen und war entschiedener Gegner der Patentierung von Genen. Sein Einsatz gegen die Patentierung von Genen sollte später zu seiner Absetzung führen. Nancy Wexler leitete die Untersuchung der sozialen und moralischen Risiken und später die Ethikkommission des Projekts. Sie war Mitentdeckerin des Huntington-Genes. Neben der Ethikkommission gab es noch die Trainings-, Datenbank- sowie Mapping- und Sequenzierungskommission. Die Mapping- und Sequenzierungskommission hatte die Herausforderung Anzahl, Größe und Ort der »Big Genome Center« zu planen. Teile der DNA sollten zur Entschlüsselung auf diese Center aufgeteilt werden.

DIE MENSCHLICHE DNA

DNA KURZ ERKLÄRT

Die menschliche DNA ist ein langes Puzzle von Nukleotiden. Ein Nukleotid besteht wiederum aus den drei Puzzlesteinen Phosphat, Zucker und Base. Die vier Basen Adenin, Thymin, Guanin und Cytosin haben spezielle Puzzlepräferenzen. Adenin lässt sich nur an Thymin bauen und Guanin nur an Cytosin.

Bei der Sequenzierung geht es nun darum, die Basenabfolge der DNA zu bestimmen. Als Erstes wird der DNA-Doppelstrang in zwei Einzelstränge aufgetrennt, indem die DNA auf 90 Grad Celsius erhitzt wird. Bei diesem Denaturierungsprozess werden die Wasserstoffbrückenbindungen zwischen den beiden Einzelsträngen aufgelöst. Als Nächstes benötigt man einen passenden Primer für den DNA-Einzelstrang.

Der Primer bindet sich an den Beginn des Einzelstrangs. Dazu ist es wichtig, die Startmoleküle des Einzelstrangs zu kennen, um den passenden Primer hinzugeben zu können. Ausgehend vom Primer kann man nun mit Hilfe des Enzyms DNA-Polymerase die passenden Basen anlegen. Dazu werden vier verschiedene Behälter aufgestellt. In jeden der Behälter werden die DNA-Polymerase, der Primer und die vier DNA-Basen gegeben. Außerdem werden in jedes der vier Behälter spezifische Stoppnukleotide gegeben. Die Stoppnukleotide stoppen jeweils auf Adenin, Thymin, Guanin und Cytosin. Das heißt, im ersten Behälter enden die Moleküle immer auf Adenin, allerdings ist es zufällig, beim wievielten Adenin es stoppt. Nun wird der Inhalt auf ein Elektrophoresegerät gegeben. Auf dem Gerät befindet sich ein Gel und es wird Strom angelegt. Da die DNA-Moleküle alle negativ geladen sind, wandern sie alle zum Pluspol, die kleineren schneller als die größeren. Diese Abfolge der Moleküle kann man nun ablesen. Dazu liest man nun von jedem Molekül das jeweilige Stoppnukleotid ab. Im letzten Schritt konvertiert man die jeweilige Base in die Komplementäre Base. Aus ATTG wird zum Beispiel TAAG, und man hat die DNA sequenziert. Heute werden moderne Sequenzierungsverfahren verwendet wie zum Beispiel die Pyrosequenzierung oder die Nanoporensequenzierung. Bei der Pyrosequenzierung werden Lichtblitze erzeugt, jedes Mal, wenn sich eine Base an den DNA-Einzelstrang anheftet. Dieser Lichtblitz wird aufgezeichnet. Da jede Base einen charakteristischen Lichtblitz besitzt, kann nun die jeweilige Base ermittelt werden. Das Licht entsteht dabei durch die Abspaltung zweier Phosphatgruppen und der Reaktion mit Luziferase, einem Enzym zur Lichterzeugung.

Das andere Verfahren ist die Nanoporensequenzierung. Bei ihr wird der DNA-Einzelstrang durch Nanoporen geleitet und ein Ionenstrom erzeugt. Nanoporen sind kleine Kanäle zwischen der DNA. Da die Basen des Einzelstrangs unterschiedlich groß sind, blockieren sie den Ionenstrom unterschiedlich stark. Den Strom misst man und kann dann mit dem spezifischen Stromwert für jede Base die jeweilige Base bestimmen.

Die Leitung der Mapping- und Sequenzierungskommission übernahmen Phillip Sharp und Maynard Olson. Sharp erhielt den Nobelpreis für die Entdeckung des speziellen Aufbaus einiger Erbanlagen. Olson war Spezialist für die Untersuchung der Genetik von Hefen. Der Vorteil der »Big Genome Center« war, dass sie alle kritischen Ressourcen an einem Ort zusammenfassten. Der Nachteil so großer organisatorischen Strukturen ist, dass sie schwer zu schließen sind, wenn sie unproduktiv werden. Die Entscheidung für die »Big Genome Center« hat die Grundlage gelegt, alle drei Milliarden Basen der menschlichen DNA zu entschlüsseln. Nicht alle Basen enthalten »ausdrückende« Teile, die die Baupläne für Proteine oder mRNAs enthalten. Deshalb kam die Frage auf, ob das gesamte menschliche Genom entschlüsselt werden sollte. Dafür sprach der lückenlose Wissensaufbau über das menschliche Genom, dagegen sprachen die längere Projektlaufzeit und die höheren Kosten. Letztlich wurde das gesamte menschliche Genom entschlüsselt.

Die Entscheidung, ob man Gene patentieren kann, sorgte für viele Diskussionen. Craig Venter setzte sich besonders für die Patentierung ein. Er war ein ungeduldiger Mensch und wollte das menschliche Genom so schnell wie möglich entschlüsseln. Dazu testete er eine neue Maschine von Applied Biosystems mit dem Geld des Defensive Department. Ein Jahr später hatte er bereits 100.000 Nukleotide entschlüsselt. Nach diesem Erfolg präsentierte er Watson den Vorschlag, mit einem Budget von 5 Millionen US-Dollar das menschliche X-Chromosom zu entschlüsseln. Watson war zuerst enthusiastisch, einige Wissenschaftler waren jedoch skeptisch. Sie wollten sich zuerst auf das Mapping fokussieren und dann auf das Sequenzieren. Venters Vorschlag wurde abgelehnt. Venter war genervt, dass die Entscheidung so politisch war und neue Ideen ausgeschlossen wurden.

Ohne Unterstützung der NIH fuhr Venter mit der Entschlüsselung des X-Chromosoms fort. Dazu hatte er zwei Abkürzungen parat: Er wollte nur den ausdrückenden Teil sequenzieren. Dieser macht in etwa 1–2 Prozent des menschlichen Genoms aus. Für die zweite Abkürzung wollte er kurze DNA-Sequenzen als Labels verwenden, sogenannte Expressed Sequence Tags (EST). Um sein Vorhaben umzusetzen, gründete er das private Forschungsinstitut The Institute for Genomic Research (TIGR). 1991 publizierte Venter dann einige hundert EST-Tags und die NIH, geleitet von Bernadine Healy, patentierten die Tags. Daraufhin entbrannte ein Streit zwischen Healy und Watson. Watson, Chef des Human Genome Projects, wollte nicht, dass Gene patentiert werden können. Laut ihm sollte man nur Produkte patentieren können. Olsons unterstützte ihn. Olson war der Meinung, dass man das »Periodensystem der Biologie« nicht patentieren kann. Bald darauf sollte es zu Watsons Rücktritt als Chef des Human Genome Projects kommen. Er besaß einige Aktien von Biotechnologiefirmen. Um diese als Chef besitzen zu dürfen, benötigte er eine unterschriebene Absichtserklärung, ein sogenanntes Waiver, von Healy. Dieses Waiver hatte Watson bereits, aber es lief aus. Als Watson Mitarbeiter von Biotechnologiefirmen, von denen er keine Aktien besaß, für das Human Genome Project abwarb, war Healy nicht bereit, das neue Waiver zu unterschreiben. Daraufhin trat Watson als Chef des Human Genom Projects zurück. Bei der Patentierungsfrage blieben Watson und seine Wissenschaftskollegen aber siegreich. Das US-Patent- und Trademark-Office lehnte die Patentierung zweimal ab. Unter der neuen Leitung der NIH durch Harold Vamos 1994 wurde die Patentierung nicht weiterverfolgt.

Die Diskussionen zwischen Watson und Venter wegen der Patentierung erhöhten die öffentliche Aufmerksamkeit für Venter. Damit konnte er seine Forschungsprojekte leichter finanzieren. Nach weniger als drei Jahren Arbeit in der Privatwirtschaft im TIGR Institut entschlüsselte er gemeinsam mit Hamilton O. Smith die gesamte DNA des Haemophilus influenza. H. influenza war für Smith von hoher emotionaler Bedeutung, hatte er doch in ihm sein erstes Restriktionsenzym gefunden.[95] Gemeinsam entschlüsselten sie 1.750 Gene in weniger als einem Jahr.

Für die Entschlüsselung verwendeten sie die neue Shotgun-Methode. Ihre Besonderheit ist, dass sie die DNA mit Restriktionsenzymen in viele Einzelteile zerschneidet. Diese Einzelteile werden dann sequenziert und später via Software wieder zusammengefügt. Viele Wissenschaftler waren trotzdem noch nicht von der Shotgun-Methode überzeugt, also machten Venter und die Mitarbeiter von TIGR weiter. Innerhalb von drei Monaten hat ein TIGR-Team das Mycoplasma Genitalium entschlüsselt. Durch den Vergleich der Sequenz mit der von H. influenza, konnten sie die Funktion von 1.000 Genen herausfinden. 1998 präsentieren Venter und Mike Hunkapiller den Plan, mit der Shotgun-Methode das menschliche Genom zu entschlüsseln. Dazu wollten sie eine private Firma gründen. Venter testete neue Maschinen zur Sequenzierung und wurde für sein Vorhaben von einem privaten Geldgeber finanziert. Als Test für das menschliche Genom wollte Venter die Fruchtfliege sequenzieren. Dazu überredete er Gerald Rubin von der Universität in Kalifornien. Der willigte unter der Bedingung ein, dass die Daten nach den Bermuda-Prinzipien sofort veröffentlicht werden.

Francis Collins wurde Nachfolger von Watson. Er zeichnete sich durch einen besonderen Sinn für Harmonie aus. Sein Ziel war es, das Mapping vor dem Sequenzieren umzusetzen. Detaillierte Maps des Genoms helfen, sequenzierte DNA-Bausteine später wieder an die richtige Stelle zu setzen. Damit reduziert man Fehler beim späteren Sequenzieren. Die Herausforderung des Mappings war größer als gedacht und erforderte mehr Automatisierung. Vorreiter war Erik Lander von der Cambridge Universität in Massachusetts. Durch die Automatisierung konnte außerdem lähmendes territoriales Denken unter Wissenschaftskollegen aufgebrochen werden. Einige Wissenschaftler entwickelten Besitzdenken. Sie beanspruchten das exklusive Mapping und Sequenzieren von Teilen der DNA für sich und lähmten dadurch den wissenschaftlichen Fortschritt. Landers Versuchsobjekt war das Mapping der Maus. Er organisierte ein Team aus Mathematikern, Ingenieuren und jungen Wissenschaftlern, die bereit waren, den Status quo in Frage zu stellen. Gemeinsam mit seinem Team automatisierte er die Labortätigkeiten zu einer fabrikartigen Produktion.

DIE BESCHLEUNIGUNG DES MAPPING DURCH DIE ANSTRENGUNGEN IN FRANKREICH

Jean Dausset fand gemeinsam mit George Davis Snell und Baruj Benacerraf das humane Leukozytenantigen (HLA). Es ist wichtiger Teil des Immunsystems und spielt zum Beispiel eine Rolle dabei, ob neu implantierte Organe vom Körper angenommen oder abgestoßen werden. 1980 erhielten die drei Forscher dafür den Nobelpreis. Mit dem Preisgeld gründete der Franzose Jean Dausselt das Centre d'Etude du Polymorphisme Humain (CEPH). Das Institut erforschte die Vererbung von Krankheiten mit Blutproben von 40 Familien. Besonders gut eigneten sich die Proben von Familien aus Utah. Sie waren Mormonen, und es gab eine gute DNA-Datenlage für die vergangenen Generationen. Weiterhin wurden zu der Zeit künstliche Hefechromosome entwickelt (YACs), künstliche Bakterienchromosome (BACS) und künstliche Chromosome des Viruses P1 (PACs). Mit ihnen kann man größere Abschnitte der DNA klonen. David Cox und Richard Myers schafften es, mittels Strahlung den Abstand von Genen genauer zu messen. Während der Diskussionen des CSGL wurde außerdem eine gemeinsame Sprache für Sequence-tagged sites (STSs) entwickelt. Im Zuge dessen wurde außerdem die Polymerasekettenreaktion entdeckt (PCR). Durch diese Erfindungen konnte nun DNA generiert werden, ohne die DNA physisch von A nach B zu bringen. Die Daten der DNA konnte man elektronisch übermitteln und die DNA künstlich nachbauen. Madame Alavi überließ Dausset 6 Millionen US-Dollar. Damit hatte er genügend Geld für sein ehrgeiziges Forschungsprojekt. Er beauftragte Daniel Cohen und dieser ging zu Bernhard Barataud, Chef des französischen Vereins für muskuläre Dystrophie AFM. Er fragte ihn, ob er bereit sei, für 40 Millionen eine Map mit 5.000 Markern zu entwickeln. Barataud willigte ein und als Resultat wurde das Projekt Genethon gegründet. Bald darauf nahm das CEPH einen bedeutenden Platz im Genmapping ein und publizierte 1992 durch die NIH/CEPH Collaborative Mapping Group. Sie entwickelten riesige YACs mit mehr als 1 Million Basen. Dadurch brauchte man weniger geklonte Teile. Diese Entwicklung spornte die Entwicklung in den USA an. Cohen hat 1991 auf dem jährlichen Genom-Meeting die Zuhörer geschockt, als er sagte, dass 20 ihrer Maschinen die Arbeit von 400 Menschen erledigen könnten. 1995 veröffentlichten das Whitehead Institute mit dem Genethon zwei physische Maps und eine genetische Map mit 15.000 Markern. Kurze Zeit später publizierten sowohl das Whitehead Institute unter Lander als auch das Genethon die abgeschlossene Map des Genoms mit 16.354 Markern. Damit war das Mapping abgeschlossen und das Sequenzieren konnte laut Collins beginnen.[96][97]

DNA ZERKLEINERN UND SEQUENZIEREN

Die DNA ist unfassbar komplex und kann nicht als Ganzes analysiert werden. Aber mit dem Informatikprinzip »Teile und herrsche« kann man die DNA in einzelne Bausteine zerteilen, die man analysieren kann. Der Trick zur Zerschneidung der DNA kommt wie vieles aus der Natur. Auch Bakterien werden von Viren befallen. Um Viren abzuwehren, haben Bakterien einen speziellen Abwehrmechanismus entwickelt. Sie zerschneiden die DNA des Virus einfach in viele kleine Stücke und machen den Virus dadurch unschädlich.

Wie machen die Bakterien das? Mit sogenannten Restriktionsenzymen. Einer der Ersten, der die Restriktionsenzyme von Bakterien untersuchte, war Werner Arber. Weitere Forscher begannen nun, die Restriktionsenzyme zu isolieren und zu analysieren. Zwei dieser Forscher waren Matthew Maelson und Robert Yuan. Beide konnten erfolgreich ein Restriktionsenzym isolieren. Allerdings wurde das gefundene Restriktionsenzym zufällig zerschnitten und ist daher für das zielgerichtete Zerschneiden der

DNA von geringem Nutzen gewesen. Man bezeichnet es auch als Restriktionsenzym vom Typ 1. Erst Hamilton O. Smith fand ein Restriktionsenzym, das DNA nahe einer Erkennungssequenz zerschneidet. Dazu versuchte er H. influenzae mit dem Virus P22 zu infizieren. Normalerweise infiziert das Virus P22 Salmonellen. Zu Smiths Überraschung wurde H. influenza aber nicht infiziert. Es wehrte P22 mit Hilfe eines Restriktionsenzyms ab. Außerdem stellte sich heraus, dass das gefundene Restriktionsenzym die DNA des Virus nicht zufällig, sondern in der Mitte der Erkennungssequenz zerschneidet.

Damit war das erste Restriktionsenzym des Typ 2 gefunden. Danach wurden viele weitere Restriktionsenzyme vom Typ 2 entdeckt. Richard Roberts begann als Erster die systematische Suche nach Restriktionsenzymen und fand viele weitere. Hat man die DNA mittels Restriktionsenzymen in viele kleine Teile zerlegt, kommt es zur tatsächlichen Analyse der DNA. Dazu wird die DNA sequenziert. Die bekannteste Sequenzierungstechnik hat Frederick Sanger entwickelt. Er hat mit einer speziellen Methode das Protein Insulin sequenziert. Schließlich wurde die Sequenzierung noch automatisiert mittels spezieller Maschinen.

DIE BERMUDA-PRINZIPIEN – GENOMDATEN BLEIBEN FREI ZUGÄNGLICH

Für das Mapping wurden bereits viele Arbeitsschritte automatisiert. Diesen Trend wollte Collins fortsetzen. Robert Waterstons Center in St. Louis, eines der Big Genome Center, wollte die sequenzierten Nukleotide durch die Automatisierung vervierfachen. Vor der Massensequenzierung galt es allerdings noch den freien Datenaustausch unter Forschern und Firmen sicherzustellen. Waterston sorgte mit John Sulston federführend für die Organisation einer strategischen Konferenz auf Bermuda. Myriad Genetics meldete zwei Patente auf Gene an, die Frauen anfällig für Brustkrebs machen. Merck hatte hingegen 1996 seine Gendaten veröffentlicht und setzte sich neben anderen Pharmafirmen ebenfalls für den freien Datenzugang ohne Genpatentierung ein. Letztlich haben sich alle Hauptsequenzierungscenter dazu verpflichtet, DNA-Sequenzen, die länger als 1.000 Basen sind, täglich zu veröffentlichen. Dies wurde zur Bedingung, wollte man staatliche Fördergelder erhalten. Die Daten werden in eine öffentliche Datenbank gespeist, auf die jeder Zugriff hat. Die Bermuda-Prinzipien waren geboren.

Collins wollte die Sequenziercenter stärken. Daher startete er 1996 ein dreijähriges Pilotprojekt zur großangelegten Sequenzierung. Dazu vergab Collins je 60 Millionen US-Dollar an sechs Center. Gelder bekamen Eric Lander (MIT), Mark Adams (TIGR), Maynard Olson (University of Washington), Richard Gibbs (Baylor College), Richard Myers (Stanford) und Robert Waterston (Washington University in St. Louis). Bedingung war, dass sich alle Center wöchentlich austauschen.

Die Sicherung eines hohen Qualitätsstandards war der letzte Punkt vor dem Start des großangelegten Sequenzierens. Philip Green von der University of Washington und sein Team ordneten jeder Base eine Wahrscheinlichkeit zu, dass sie richtig identifiziert wurde. Damit konnte man die Genauigkeit der Sequenzierung bestimmen. Ziel war eine Fehlerrate kleiner 1/10.000, damit die Daten den Test der Zeit bestehen. Um das zu erreichen, sollten zum Beispiel vermehrt kürzere BACs statt YACs zum Klonen der DNA verwendet werden, weil sie niedrigere Fehlerraten aufweisen. Deshalb war Green beispielsweise wenig begeistert von der Shotgun-Methode Venters. Venter beschleunigte die Sequenzierung. Er wollte die menschliche DNA mit der Shotgunmethode kommerziell sequenzieren und nur gegen eine Abogebühr zugänglich machen. Sein Ziel war es, die Sequenzierung 2001 vier Jahre vor dem Ende des öffentlichen Human Genome

Projects abzuschließen. Dies rüttelte die Wissenschaftsgemeinde auf. Collins antwortete mit einer Verschiebung der Prioritäten. Eine erste Skizze sollte bereits 2001 veröffentlicht werden, am Gesamtziel 2005 aber sollte festgehalten werden. Das Klon-für-Klon-Verfahren sollte beibehalten werden und die Sequenzierung sollte auf 500 Millionen Basen pro Jahr verzehnfacht werden.

Ein Beschleuniger für die Sequenzierung war die Verbesserung der Sequenzierungsmaschinen. Die neuen Prism 3700 Maschinen verbesserten die Produktivität drastisch. Frühere Maschinen benötigten ein Gel, um die DNA-Schnipsel zu trennen. Die Maschine wurde nach jedem Durchlauf gestoppt, und es wurde Gel nachgefüllt. Das war arbeitsintensiv. Die neuen Maschinen verwendeten Kapillaren, die nur einmal am Tag mit neuen Chemikalien befüllt werden mussten. Ansonsten konnten die Maschinen den ganzen Tag durchlaufen. Außerdem flossen die DNA-Teile durch die Kapillaren zweimal so schnell wie durch das Gel. Venter kaufte diese neuen Maschinen von ABI und setzte so das öffentliche Projekt unter Druck. Die Maschinen waren 50-mal schneller als die bestehenden Maschinen.

Gerry Rubins organisierte für die Leiter des öffentlichen Projekts einen Fabrikbesuch bei Motorola, um deren hochautomatisierte Fabrik zu bestaunen. Kurz darauf beschloss Eric Lander, ein Drittel der Sequenzierung zu übernehmen. Dazu erwarb er 100 Prism 3700 Maschinen von ABI, Venter kaufte 230. Nachdem Collins schon 2001 eine erste Skizze veröffentlichen wollte, musste Venter nachziehen. Die Schlagzeilen zum Wettlauf zwischen Venter und dem öffentlichen Projekt, wer wie viel DNA sequenziert hatte, überschlugen sich. 2001 veröffentlichten sowohl Venter als auch das öffentliche Projekt eine Skizze. 2003, zwei Jahre früher als geplant, schaffte es das öffentliche Projekt, das menschliche Genom zu entschlüsseln und frei zugänglich zu publizieren. Bill Clinton ehrte sowohl Collins als auch Venter für ihre herausragenden Leistungen bei der Entschlüsselung des menschlichen Genoms.[98]

Die Graphik über die Sequenzierungskosten des menschlichen Genoms fasst eindrucksvoll die Wirkung des Projekts zusammen. Die Preise für die Sequenzierung fielen sogar stärker, als Gordon Moore prognostizierte. Moore, Mitbegründer von Intel, sagte 1965 voraus, dass sich die Anzahl der Transistoren pro Flächeneinheit circa alle zwei Jahre verdoppeln würde.[99]

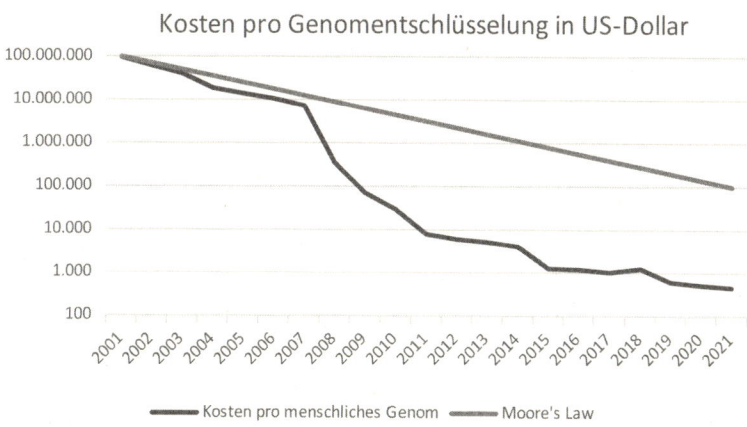

Kosten pro Genomentschlüsselung in US-Dollar

Kosten pro menschliches Genom — Moore's Law

ZUSAMMENFASSUNG

Die einfachste Art, weniger Ressourcen zu verbrauchen, ist weniger wegzuwerfen. Pro Kopf werden in der EU jedes Jahr 173 Kilogramm Lebensmittel weggeworfen. Zwei Unternehmen, die dieses Problem angehen, sind die Community Kitchen und Too Good To Go. Die Community Kitchen rettet Lebensmittel und verarbeitet sie zu neuen Gerichten. Too Good To Go vermittelt nicht verkaufte Lebensmittel via App weiter. Außerdem versprechen die Anbauarten Vertical Farming und der Anbau durch Stammzellen deutliche Ressourceneinsparungen. Vertical Farming verbraucht weniger Platz, weil Lebensmittel übereinander angebaut werden können. Mit Stammzellen kann man genau den Teil eines Lebewesens wachsen lassen, der später auf den Teller kommt.

Zu Vertical Farming zählen Aquaponics, Hydroponics und Aeroponics. Aquaponics ist der kombinierte Anbau von Pflanze und Fisch. Durch die Symbiose kann ein Kreislauf geschaffen werden. Hydroponics ist ein Pflanzenanbau mit Nährstofflösung ohne Erde. Aeroponics greift ebenfalls auf diese Nährstofflösung zurück. Allerdings werden die Wurzeln nicht in Wasser getränkt, sondern angesprüht. Dadurch erhält die Pflanze mehr Sauerstoff und kann schneller wachsen.

Stammzellen können aus dem Muskelgewebe von Tieren entnommen werden. Diese Zellen vermehrt man, indem man sie mit einem Wachstumsserum und einer Nährstofflösung versorgt. Schließlich bildet man in speziellen Behältern Muskelfasern aus. Das Fleisch besteht aus den gleichen Zellen wie konventionelles Fleisch, verbraucht aber zur Produktion weniger Ressourcen. Die israelische Firma Future Meat weist mit ihrem Hähnchenfleisch 99 Prozent weniger Flächenverbrauch aus. Die Idee, mit Stammzellen Nahrungsmittel herzustellen, ist auch auf Pflanzen übertragbar. Das finnische Forschungszentrum VTT hat bereits Kaffeebohnen mittels Stammzellen hergestellt.

Ambitionierte Projekte können die Kosten für wichtige Herstellungsprozesse senken. Das Human Genome Project hat eindrucksvoll bewiesen, wie dies gelingen kann. Die Kosten für die DNA-Sequenzierung sind von 3 Milliarden auf 1.000 US-Dollar gesunken.

7.
VERÄNDERUNG DER BETRACHTUNGSWEISE – WACHSTUM OHNE MATERIELLES WACHSTUM

Unser westliches Wirtschafts- und Gesellschaftssystem ist auf Wachstum ausgelegt. Zentral ist dabei das Wachstumsversprechen. Je mehr Wachstum, desto größer wird der Kuchen. Dabei gab es größere Wachstumsraten global gesehen erst seit Beginn der Industrialisierung. Zuvor waren die Wachstumsraten deutlich unter 1 Prozent pro Jahr. Zu Beginn der Industrialisierung waren die Erträge sehr ungleich verteilt, was die soziale Frage aufwarf. Erst unsere sozialen Sicherungssysteme sorgten für eine Linderung. Der Kapitalismus entwickelte sich in vielen europäischen Ländern weiter zur sozialen Marktwirtschaft. Ein größerer Kuchen sorgt weiterhin dafür, dass mehr verteilt werden kann. Außerdem werden soziale Risiken auf viele Schultern verteilt, um den harten sozialen Einzelfall abzufedern – egal ob durch Sozialversicherung, Rentenversicherung, Pflegeversicherung, Unfallversicherung oder Arbeitslosenversicherung.

Wirtschaftswachstum erfordert aktuell noch mehr Ressourcen und dadurch stellt sich die Frage, wie wir mit unserer Umwelt umgehen wollen. Eine Hauptherausforderung ist dabei die Entkopplung von Wachstum und Ressourcenverbrauch. In der Europäischen Union ist diese Entkopplung beim Ausstoß von Treibhausgasen bereits gelungen. Seit 1990 ist das Bruttoinlandsprodukt der EU um 60 Prozent gestiegen, während die Treibhausgase um 24 Prozent abgenommen haben. Dies ist zwar noch nicht ausreichend, um die Pariser Klimaziele einzuhalten, aber die Entkopplung ist zumindest geglückt.

Beim Materialverbrauch haben wir die Entkopplung laut Kieser Fit for 55 noch nicht geschafft. Zehn Prozent Bruttoinlandsanstieg würden aktuell zu 6 Prozent Anstieg des Materialverbrauchs führen. Es gibt viele Anstrengungen, Maschinen effizienter zu machen. Die Motoren von Autos werden immer effizienter darin, Kraftstoff zu verwerten, aber sie werden auch immer mehr und schwerer. Kühlschränke benötigen weniger Energie für die gleiche Kühlleistung, werden aber immer größer. Der Wärmebedarf für Häuser sinkt pro Quadratmeter, aber die Wohnfläche pro Person steigt.

Einsparungen auf der einen Seite können oft zu negativen Rückkopplungseffekten führen. Einsparungen ohne negative Rückkopplung benötigen Begrenzungen. Schnell werden bei diesem Thema Stimmen zur Begrenzung des Wachstums laut. Die bekannteste Stimme hallt durch die Studie »Limits of Growth« des Club of Rome von 1972 nach.

In der Frage nach der Grenze des Wachstums wollen wir unterscheiden zwischen materiellem Wachstum und immateriellem Wachstum. Materielles Wachstum ist das, was unsere Umwelt beeinträchtigt. Eine einfache Verschiebung der Betrachtungsweise kann vieles bewirken. Wenn die Autofahrt zur Mobilitätsdienstleistung wird, kann man in etwa die gleiche Wirtschaftsleistung bekommen, mit deutlich weniger Materialverbrauch. Würde es in Städten nur noch Carsharing geben, würde es entschieden weniger Autos geben und die würden besser ausgelastet. Außerdem würde der Verbrauch pro Kilometer sinken, weil die Autos stärker an die unterschiedlichen Bedürfnisse angepasst werden könnten: ein kleiner leichter Smart für die 15-Kilometer-Strecke, ein VW-Bus für den Urlaub oder ein Kleintransporter für den Transport von Ware. Dabei brauchen wir nicht etwa zur Subsistenzwirtschaft zurückzukehren oder müssen unseren Wohlstand reduzieren. Vielmehr geht es darum, materielle Dinge verstärkt als Dienstleistung zu begreifen und weniger materielle Dinge zu besitzen. Dies schafft nebenbei bemerkt mehr Freiraum für andere Dinge im Leben.

DRUCK, DER AUF DEM INDIVIDUUM LASTET

Anfangs beeinflusste der Homo sapiens nur regionale Ökosysteme. Mittlerweile hat er sich aber zum entscheidenden negativen Evolutionsfaktor entwickelt. Darauf müssen wir als Kollektiv eine Antwort finden. In vielen Diskussionen wird starker Druck auf Individuen aufgebaut. Persönliche Entscheidungen sollen die Klimakrise und die Biodiversitätskrise lösen. Jeder kann beitragen, wenn er weniger fliegt, weniger Fleisch isst oder weniger Energie verbraucht. Mit all diesen Maßnahmen leistet man seinen Beitrag, und aus kleinen Anfängen kann Großes entstehen. Nur: Das einzelne Individuum tut sich schwer, die komplette Lösung zu koordinieren. Es kann daher nicht die volle Verantwortung tragen.

Jeder von uns weiß, dass er nicht in jeder Situation vernünftig handelt, und jeder Mensch ist anders. Manche Menschen übernehmen mehr Verantwortung für die Folgen ihrer Entscheidungen, andere weniger. Außerdem ist es nicht so einfach, die Wechselwirkungen der eigenen Entscheidungen mit denen anderer in ihrer ganzen Komplexität zu verstehen. Unsere Entscheidung allein bestimmt noch nicht über das Ökosystem, sondern auch die vielen Entscheidungen anderer. Ohne Zweifel hilft jeder Schritt in die richtige Richtung. Nur kann der Einzelne nicht einfach alle Folgen berücksichtigen, denn menschliche Systeme sind komplex und adaptiv. Das heißt, wir passen unsere Entscheidungen den Entscheidungen anderer und unserer Umgebung an. Bei acht Milliarden menschlicher Individuen und mehr als vermutlich acht Millionen anderer Lebewesen kann es unter Umständen sehr kompliziert werden, individuell die richtige Entscheidung zu treffen. Selbst mit bestem Wissen und Gewissen trägt das Individuum eine enorme Last, der es kaum gerecht werden kann. Deshalb könnte man es jedem Einzelnen von uns vorwerfen, dass er dieser Aufgabe nicht gerecht wird. Die Koordinierungsaufgabe ist für den einzelnen Menschen zu komplex.

Aber die Koordinierungsaufgabe kann gelöst werden. Dazu bedarf es einer Reduktion der Komplexität und vernünftiger Anreize. Es braucht eine unsichtbare Vernunft, die das Kollektiv leitet, und mit der jeder individuell seinen Beitrag leistet. Dieser Rahmen hilft, um nicht mehr die acht Milliarden Einzelentscheidungen der Individuen mit zu berücksichtigen und die Existenzrechte von mehr als acht Millionen anderer Lebewesen im Blick zu haben. Ein stabiles Regelwerk muss für Ressourcenbegrenzungen in wichtigen Bereichen sorgen. Vernünftig ist es, Ressourcennutzung zu begrenzen, die stark auf Kosten anderen Lebens geht. Dafür braucht es die richtigen monetären Anreize – ist es doch die Währung, die nahezu jeder kennt – und absolute Ressourcengrenzen in Schlüsselbereichen.

Eine Selbstbeschränkung von Ressourcen, die für jeden gilt, ermöglichen mehr Freiheit. Die Ökosysteme der Erde im Einklang erlauben uns ein stabileres Leben. Es ist wichtig, in unser Wirtschaftssystem neben den Menschenrechten auch Rechte für anderes Leben auf unserer Erde tiefer zu verankern. Denn dies liegt in unser aller Interesse.

Anderes Leben ist schlichtweg unsere Lebensversicherung. Es schützt unsere Gesundheit. Bakterien lehren uns, Viren abzuwehren und sie zu zerschneiden. Diese Idee können wir dann in die Medizin übertragen. Die Lebensvielfalt erhöht unsere Nahrungsmittelsicherheit, indem sie uns mehrere unterschiedliche Wege bereitstellt, uns mit Nahrung zu versorgen. Dadurch sind einzelne Nahrungsmittelausfälle weniger gewichtig. Dies betrifft sowohl den Ausfall von einzelnen Arten, beispielsweise durch einen artenspezifischen Virus. Dies kann zum Beispiel ein Schweinegrippevirus sein, der das Leben aller Schweine gefährdet. Der Ausfall kann aber auch spezifische genetische Merkmale innerhalb einer Art gefährden. Ein Virus kann zum Beispiel das Leben einer genetischen Variation von Bananen gefährden. Lebensvielfalt ist also in unserem ureigenen Interesse und damit auch ein Wirtschaftssystem mit sozialer und lebensvielfältiger Komponente: ein Wirtschaftssystem, das das Leben achtet und den einzigartigen planetaren und vielschichtigen Formen des Lebens auf der Erde gerecht wird. Damit dieses Wirtschaftssystem funktionieren kann, bedarf es aber kollektiver Ressourcenlimits, die zum Beispiel durch Cap & Trade-Systeme festgesetzt werden. Dadurch lastet die Verantwortung auf einem intelligenten Systemdesign und nicht auf jedem von uns. Die Beiträge leistet aber jeder von uns, gesteuert durch eine kollektive Vernunft.

DEUTSCHE PARTEIEN UND IHR EIGENINTERESSE AM KLIMA- UND BIODIVERSITÄTSSCHUTZ

Es gibt positive und negative Freiheit. Der Freiheitsbegriff im Alltagskontext wird meist als positive Freiheit ausgelegt, zum Beispiel seine Meinung frei äußern zu können oder das Recht sich zu versammeln. Die negative Freiheit beschreibt die Freiheit von Barrieren oder Limitationen. Dieser negative Freiheitsbegriff ist auch für die Betrachtung der Klimakrise und des Lebensvielfaltsverlusts bedeutend.

FDP

Die Partei, die sich in Deutschland Freiheit groß auf die Fahne schreibt, ist die FDP. Sie betonen meist positive Freiheit. Die Freiheit, möglichst viele Dinge dem Markt zu überlassen, kurz: mehr Markt, weniger Staat. Die FDP will möglichst viele Marktlösungen und möglichst wenig Gesetze, die die Freiheit des Einzelnen einschränken. Dieser Ansatz hat seine Berechtigung. Daneben gibt es aber auch noch die negative Freiheit. Einschränkungen, die dem Klima oder der Biodiversität guttun, sorgen für mehr Freiheit in der Zukunft. Freiheit gibt es nicht nur heute, sondern auch in der Zukunft. Negative Freiheit mitzudenken und die Freiheit von heute und von morgen abzuwägen, in diesem Spannungsverhältnis liegt die Herausforderung für die FDP, neue Antworten für mehr Klimaschutz und Biodiversitätsschutz zu finden.

SPD

Die SPD schreibt sich den sozialen Ausgleich groß auf die Fahnen. Dies entspricht ihrem Selbstverständnis als »Arbeiterpartei«. Der Klimawandel und die Krise der Biodiversität treffen laut IPCC-Bericht gerade vulnerable Personen stärker. Es sind die Umweltaktivisten, die oft mehr Klimagerechtigkeit fordern. Die Herausforderung für die SPD liegt darin, wie sie damit umgeht, dass viele ihrer früheren Kernwähler tief in den fossilen Jobs verwurzelt sind, wie zum Beispiel dem Kohlebergbau. Diese Arbeitsbereiche waren in der Vergangenheit für die Gesellschaft wichtig. Sie verdienen Respekt. Sie befinden sich jetzt im Wandel. Wird der Ausstieg zu lange aufgeschoben, treffen die Folgen des Klimawandels alle Menschen und vulnerable Menschen besonders. Die Last des Jobwandels und die Last des Klimawandels fair zu verteilen ist die »Klimaherausforderung« für die SPD. Klimaschutz kann teuer sein, aber noch teurer ist es, nichts zu unternehmen und die Schäden des Klimawandels geschehen zu lassen. Das kommt Menschen mit weniger Einkommen am Ende noch teurer.

B90/DIE GRÜNEN

Bündnis 90/Die Grünen tragen Umweltschutz im Namen. Lösungen für mehr Klimaschutz und mehr Schutz der Biodiversität sind Teil der Identität der Partei. Außerdem fordert sie öfter Begrenzungen, argumentiert also im Rahmen der negativen Freiheit, indem sie zum Beispiel ein Tempolimit fordert. Einige Lösungen sind stark auf das Individuum ausgerichtet. Gerade Lösungen, die den Druck von den Individuen nehmen, wie beispielsweise die stärkere Bepreisung und Kappung umweltschädlicher und biodiversitätsschädlicher Faktoren, würden eine ganzheitliche Lösung verstärken. Lösungen, die die Last auf das Individuum abwälzen, können zur Spaltung führen. Es ist eine Kernherausforderung der Grünen, unterschiedliche nachhaltige Konzepte für Stadt und Land zu entwickeln. Insgesamt versuchen die Grünen tiefgreifende Antworten auf Klimafragen und Biodiversitätsfragen zu geben.

CDU/CSU – DIE UNION

Die CDU und CSU sind nicht zuletzt durch die christliche Komponente konservativ verankert. Bewährtes soll beibehalten und der Status quo aufrechterhalten werden. Konservativ kann aber auch so aufgefasst werden, dass es darum geht, unsere Lebensgrundlage zu bewahren. Dann kann es sehr viel Veränderung bedeuten, konservativ zu sein, wenn die Ökosysteme aus dem Gleichgewicht sind.

Die »Klimaherausforderung« der CDU/CSU liegt darin, das Bewahren der Lebensbedingungen stärker herauszustellen.

DIE STEUER ALS TEIL DES EMISSIONSHANDELS

Die Vorteile von CO_2-Steuern und die Vorteile des Emissionshandels können zu einer viel besseren Lösung verschmelzen.

Steuern haben den Vorteil, dass sie Einnahmen generieren und keine Untergrenze für die Treibhausgasreduktion liefern. Der Emissionshandel hat den Vorteil, dass er eine verbindliche Obergrenze liefert, wenn es keinen Kompensationsmarkt gibt. Durch Kompensationszertifikate können Vermeidungen und Ausstoß gegengerechnet werden. Geht diese Rechnung nicht auf, wird die Obergrenze aufgeweicht.

Der Emissionshandel kann die gleichen Effekte einer Steuer generieren, wenn er einen Mindestpreis hat und alle Zertifikate versteigert. Ein Emissionshandel mit Mindestpreis 60 Euro pro Tonne CO_2 hat mindestens den gleichen Effekt wie eine CO_2-Steuer von 60 Euro pro Tonne, wenn alle Zertifikate versteigert werden. Es gibt keine Untergrenze mehr beim Emissionshandel. Außerdem werden ähnliche Einnahmen erzielt.

Der Mindestpreis garantiert Investoren analog zur Steuer eine Preisunterkante. Damit gibt es mehr Verlässlichkeit bei Klimainvestitionen. Bei einem Emissionshandel ohne Mindestpreis liegt nämlich der sogenannte Wasserbetteffekt vor. Emissionsminderungen können nach der beschlossenen Gesamtmenge nicht mehr erreicht werden – außer durch Umverteilung.

Um neben den Vorteilen der Steuer auch die Vorteile des Emissionshandels voll auszuschöpfen, ist es wichtig, die Verbindung des Kompensationsmarktes mit dem Emissionshandel zu verbieten. Durch den Kompensationsmarkt hat auch das Image des Emissionshandels gelitten. Zu Recht. Die Existenz des Kompensationsmarktes führt zu Mehrverschmutzung. Im besten Fall werden genauso viele

Emissionen ausgestoßen, im schlechtesten Fall deutlich mehr. Zusätzlich wird Greenwashing erleichtert.

Damit die Vorteile des Emissionshandels und der Steuer verschmelzen können, bedarf es also der richtigen Umsetzung. Zertifikate müssen schrittweise komplett versteigert werden, es braucht einen Mindestpreis, und Treibhausgase dürfen nicht kompensiert werden. Damit der Emissionshandel dann dauerhaft funktioniert, ist außerdem noch eine Europäische Klimabank vonnöten, die die Feinadjustierungen übernimmt.

ZUSAMMENFASSUNG

Unsere Gesellschaftsordnung basiert auf einem Wachstumsversprechen. Je größer der Kuchen, desto größer mein Kuchenstück. Die Entkopplung von Wachstum und CO_2-Ausstoß hat in der EU bereits stattgefunden, die Entkopplung von Wachstum und Ressourcenverbrauch noch nicht. Bei vielen Klimaschutzmaßnahmen treten Rückkopplungseffekte auf. Der Kühlschrank wird zwar effizienter, aber auch größer. Die Autos werden effizienter, aber schwerer. Häuser sind besser isoliert, aber die Wohnfläche nimmt zu. Um diese Rückkopplungseffekte zu verhindern, braucht es Ressourcenlimits. Deshalb ist es wichtig, zwischen materiellem und immateriellem Wachstum zu unterscheiden. Die Veränderung der Betrachtungsweise kann viele Ressourcen einsparen. Wenn ein Auto zur Mobilitätsdienstleistung wird, kann die gleiche Wirtschaftsleistung mit weniger Ressourcenverbrauch erzielt werden. Wenn Carsharing in Städten den Autobesitz ersetzt, werden weniger Autos benötigt. Außerdem können die Carsharingdienste das passende Auto für den passenden Zweck anbieten, der kleine Smart für die 20-Kilometer-Strecke, der große VW-Bus für die Fahrt in den Urlaub. Diese Lösung ist explizit auf Städte ausgelegt und nicht auf den ländlichen Raum. Für den ländlichen Raum benötigt es andere Lösungen. Die koordinierte Lösung der Ressourcenverschwendung ist für ein Individuum nicht machbar. Viel besser funktioniert es, ein System zu kreieren, das als unsichtbare Vernunft die Koordinierung übernimmt. Dabei ist es wichtig, Ressourcenlimits einzuführen.

Deutsche Parteien stehen jeweils vor ihren eigenen Herausforderungen, was den Klimawandel angeht. Die Herausforderung der FDP ist es, neben der heutigen Freiheit die Freiheit von morgen stärker mitzudenken. Die Herausforderung der SPD ist es, dass die Unterstützung fossiler Jobs alle vulnerablen Personen besonders stark gefährdet. Die Herausforderung der B90/Die Grünen lautet, bei der Lösungssuche für den Klimawandel stärker zwischen Stadt und Land zu differenzieren. Die Herausforderung der CDU/CSU ist es, nicht den Status quo zu bewahren, sondern die natürliche Lebensgrundlage.

Das Gewohnheitsrecht steht der Freiheit von morgen gegenüber. Die CO_2-Steuer kann durch den Mindestpreis Teil des Emissionshandels sein.

8.
WIE WIR BESSERE NACHHALTIGE ENTSCHEIDUNGEN TREFFEN

SYSTEM UND ENTSCHEIDUNGSTOOLS IN ZEITEN VON KLIMAWANDEL UND ARTENSTERBEN

Die Herausforderungen für uns Menschen durch den menschengemachten Klimawandel und den Biodiversitätsverlust sind groß. Wäre es da nicht hilfreich, ein paar Hilfswerkzeuge parat zu haben, die helfen, die Herausforderungen besser zu bewältigen? Genau dabei soll dieses Kapitel helfen. Es soll Werkzeuge bereitstellen, um einfache, neue Lösungen für mehr Nachhaltigkeit zu finden. Diese Werkzeuge können dich dabei unterstützen, an den richtigen Stellschrauben zu drehen.

DER FEEDBACKLOOP

Der Feedbackloop kann dabei helfen, komplexe Systeme besser zu verstehen. Dieses Verständnis kann Grundlage besserer Entscheidungen sein. Feedback ist die Information, die man als Antwort auf eine zuvor ausgeführte Aktion bekommt. Angenommen, ein Versorger betreibt ein Kohlekraftwerk zur Stromversorgung. Der Betrieb des Kohlekraftwerks liefert Feedback. Es stößt Treibhausgase aus und erhitzt damit die Erde. Dieser Temperaturanstieg führt zu einem Feedbackloop. Der Temperaturanstieg lässt das Gletschereis schmelzen. Dadurch wird weniger Sonnenlicht in die Atmosphäre reflektiert, und die Temperatur steigt weiter. Durch die steigende Temperatur schmilzt noch Gletschereis und so weiter. Ein anderer Feedbackloop kann sein, dass Pflanzen durch die höhere CO_2-Konzentration besser wachsen und etwas mehr CO_2 speichern. Dadurch sinkt das CO_2-Level wieder, die Temperatur sinkt und die Pflanzen nehmen wieder weniger CO_2 auf. Dieser Ausgleichsmechanismus wiederholt sich ebenfalls in der Dauerschleife. Die beiden beschriebenen Feedbackloops lassen sich in den verstärkenden und den ausgleichenden Feedbackloop unterscheiden.

Der durch den CO_2-Ausstoß ausgelöste Feedbackloop (Temperaturanstieg -> Gletscher schmelzen -> weniger Licht wird reflektiert -> Temperaturanstieg …) ist ein verstärkender Feedbackloop. Der Feedbackloop der Natur ist ausgleichend (mehr CO_2 -> mehr Pflanzenwachstum -> weniger CO_2). Ein balancierender Feedbackloop beendet sich selbst wieder, wenn er ausbalanciert ist. Damit ein sich verstärkender Feedbackloop endet, ist es notwendig, dass mindestens eine der drei folgenden Bedingungen erfüllt ist: 1. Es gibt eine Intervention von außen. 2. Es gibt neue Systembedingungen. 3. Der Feedbackloop läuft aus.

Eine Intervention von außen könnte zum Beispiel sein, dass bei hohem aktuellem CO_2-Ausstoß viel in die zukünftige Reduktion investiert wird. Den Anreiz und das nötige Feedback kann zum Beispiel der Erdtemperierungshandel liefern. Neue Bedingungen könnten beispielsweise entstehen, wenn sich die globale Sonneneinstrahlung verändert. Der Feedbackloop läuft aus, wenn der Effekt des Loops mit jedem Loop schwächer wird. Gerade bei verstärkenden Feedbackloops ist es wichtig, die richtigen Zukunftsanreize zu setzen.

Angenommen, ein Unternehmen würde ein Patent anmelden, mit dem sehr viel CO_2 eingespart werden könnte. Sollte der Patentschutz aufgehoben werden? Die Aufhebung des Patentrechts würde dem Unternehmen die Sicherheit nehmen, seine neue Technologie zu vermarkten. Dadurch würden zukünftige Unternehmen davon abgehalten werden, in zukünftige Forschung und die daraus folgende Patentanmeldung zu investieren. Damit würde der kleine unmittelbare Gewinn zu einem großen Verlust in der Zukunft führen, zumal das Patent ja auch lizensiert werden kann. Daher ist es wichtig, dass es einen Patentschutz gibt.

KRITISCHE MASSE UND KLIMAKIPPPUNKTE

Der Begriff der kritischen Masse kommt ursprünglich aus der Kernphysik. Um eine Kettenreaktion an Kernspaltung aufrechtzuerhalten, benötigt man ein Mindestmaß an spaltbarem Material. Marginale Veränderungen unter oder über der kritischen Masse führen zu nicht-linearen Effekten. Dies kann man am Beispiel einer Brücke verdeutlichen. Auf eine Brücke können immer mehr Autos fahren und die Brücke trägt sie. Erreicht die Brücke aber ein gewisses Grenzgewicht, führt schon eine kleine Gewichtsveränderung zum Beispiel durch Regen zum Einsturz der Brücke.

Ökosysteme besitzen ebenfalls solche Kipppunkte. Ab einer gewissen Temperatur funktioniert die Symbiose zwischen Einzeller und Korallen nicht mehr. Der Einzeller kann keine Photosynthese mehr betreiben und die Koralle mit Glukose versorgen. Die Alge stößt den Einzeller ab und verbleicht. Dadurch wird das Ökosystem Korallenriff aus dem Gleichgewicht gebracht. Mit dem Niedergang der Korallen geht ein Niedergang vieler anderer Lebewesen im Korallenriff einher, da sie vom einzigartigen Ökosystem abhängig sind. Kipppunkte sollten möglichst nicht überschritten werden. Zudem sollte man sich nicht in Sicherheit wiegen, wenn in Systemen mit Kipppunkten lange Zeit nichts passiert – weil die Systeme dann »plötzlich« kippen.

SICHERHEITSMARGE

Eine Sicherheitsmarge liefert vor allem eines: Sicherheit. Gerade in einem turbulenten Umfeld mit vielen unerwarteten Ereignissen zahlt sich ein zusätzlicher Puffer aus. Wenn zum Beispiel die Folgen der Erderwärmung nicht-linear ansteigen, ist es wichtig, Sicherheitspuffer in die Systeme einzubauen. Keiner will unter einem Damm leben, der »nach durchschnittlicher Berechnung« hält. Vielmehr geht es darum, den Puffer so zu bauen, dass er auch unvorhersehbaren Ereignissen Stand hält. Die Sicherheitsmarge stabilisiert ein System. Der Puffer kann zwischen Sicherheit und Gefahr, Ordnung und Chaos sowie Erfolg und Misserfolg entscheiden. Je größer der Puffer, desto geringer ist die Gefahr. Mit den Erkenntnissen der Wissenschaft über den Klimawandel und den Biodiversitätsverlust sollten wir gezielt solche Sicherheitsmargen einbauen. Wir benötigen Sicherheitsmargen für unsere Ökosysteme, unsere Nahrungsmittelversorgung, unsere Wasserversorgung und so weiter.

Eine höhere Sicherheitsmarge kann durch eine zusätzliche Komponente entstehen, durch eine höhere Kapazität oder durch ein Subsystem. Ökosysteme sind zum Beispiel dadurch geschützt, dass einige Tiere eine Funktion übernehmen können. Beispielsweise können mehrere Bestäuber eine Pflanze bestäuben. Dadurch ist es wahrscheinlicher, dass eine Pflanze bestäubt wird. Ein Ökosystem besitzt also »zusätzliche Komponenten« für eine Funktion. Die Versorgungssicherheit mit Nahrungsmitteln kann man zum Beispiel dadurch erhöhen, dass man mehr Nahrungsmittel produziert als benötigt werden. Dies puffert Ernteausfälle in anderen Regionen.

Der nächste Punkt sind Subsysteme. Man kann beispielsweise fördern, eine neue Art Lebensmittel herzustellen, zum Beispiel die Lebensmittelherstellung mittels Stammzellen. Hält man ausreichend

Reservekapazität für Notfälle, könnte man bei großen zu erwartenden Ernteausfällen Nahrungsmittel produzieren. Eine wichtige Herausforderung bei einer Sicherheitsmarge ist, sicherzustellen, dass Menschen sie nicht kompensieren. Wenn sich zum Beispiel viele Menschen einer Überkapazität an Lebensmitteln bewusst sind und Lebensmittel in der Höhe der Überkapazität verschwenden, dann wird die Sicherheitsmarge kompensiert.

DENKEN IN WAHRSCHEINLICHKEITEN

Wir treffen viele Entscheidungen ohne vollständige Informationen. In der Vergangenheit haben sich unsere Vorfahren bei solchen Entscheidungen auf Faustformeln verlassen. Sie helfen dabei, öfter richtig als falsch zu entscheiden. Allerdings unterliegen viele dieser Faustformeln auch systematischen Verzerrungen. Um diese Verzerrungen zu vermeiden, hilft es, in Wahrscheinlichkeiten zu denken. Dabei ist es hilfreich, die Formel von Thomas Bayes, einem Mathematiker und Wahrscheinlichkeitstheoretiker aus dem 18. Jahrhundert, zu kennen. Sie hilft die zugrunde liegende Verteilung und Fragilität zu erkennen. Bei der Formel von Bayes geht es darum, wie man mit neuen Bedingungen umgeht. Im Kern geht es darum, wie stark man seine Grundannahmen über Sachverhalte neuen Daten anpassen sollte.

Diese Bayes'sche Regel besagt, dass man Entscheidungen auf Basis der Grundannahmen treffen sollte, die *vor* den neuen Daten bestanden. Diese Grundannahmen sind die Basisrate. Angenommen, es gibt einen Zugunfall in Bayern und es soll die Wahrscheinlichkeit bestimmt werden, ob nächstes Jahr wieder ein Zugunfall in Bayern auftritt. Dann ist es besser, die Wahrscheinlichkeit, die vor dem Zugunglück galt, zu verwenden statt die aus der Zeit danach.

Die bekannteste zugrunde liegende Verteilung ist die Normalverteilung, auch als Glockenkurve bekannt. Bei der Normalverteilung sind die meisten Werte um den Durchschnitt verteilt und Extremwerte sehr unwahrscheinlich. Meist gibt es biologische oder physische Limits, die für eine Balance sorgen. Die Körpergrößen sind zum Beispiel normalverteilt. Eine Frau, die doppelt so groß wie der Durchschnitt ist, existiert nicht. Bei t-Verteilungen sind extreme Ereignisse wahrscheinlicher und die extremen Ereignisse sind nicht limitiert. Sie besitzen Fat-Tails. Kriege, Pandemien oder Erdbeben sind t-verteilt und besitzen Fat-Tails. Eine Pandemie kann 10-mal, 100-mal oder sogar 1.000-mal so starke Auswirkungen haben wie eine andere Pandemie. Liegen t-Verteilungen vor, kann man sich nicht mehr auf Durchschnitte verlassen, vielmehr geht es darum, Sicherheitsvorkehrungen zu treffen, die berücksichtigen, dass Ereignisse auch 10-fachen oder 100-fachen Schaden verursachen können. Risiken, die die Biodiversität oder den Klimawandel betreffen, sind oft t-verteilt. Deshalb sollten wir besonders viele Sicherheitsvorkehrungen treffen.

Die Fragilität beschreibt, wie ein System auf die Zunahme von Schwankungen reagiert. Das System kann profitieren, unverändert bleiben oder verlieren. Ein System, das von Schwankungen profitiert, ist nach Taleb antifragil, wenn es bei Schwankungen verliert, ist es fragil. Viele Ökosysteme sind fragil. Nimmt die Erderwärmung temporär stark zu und irgendwann wieder stärker ab, dann sind die Schäden größer als durch die Differenz zwischen Zunahme und Abnahme.

INVERSION

Der gewöhnliche Denkprozess, um eine Herausforderung anzugehen, startet bei dem Ausgangspunkt und endet bei dem Ziel. Dabei stehen viele Auswahlmöglichkeiten zur Verfügung. Ziel ist es, die passenden Bausteine zu finden, um den Weg von der Ausgangssituation bis zum Ziel zu bauen. Rückwärts zu denken, das heißt invertieren, ist den meisten eher aus der Mathematik bekannt. Bei der Inversion startet man beim Ziel und denkt rückwärts zum Ausgangspunkt. Dabei geht es darum, alle Bausteine zu vermeiden, die nicht für den Weg benötigt werden. Die Inversion kann viele Probleme vereinfachen und helfen, Fehler zu vermeiden. Dies erspart viele Irrwege.

Die Inversion möchte ich auf die Stromerzeugung in Deutschland anwenden. Das Ziel ist, die Stromerzeugung mit erneuerbaren Energien abzudecken. Um dieses Ziel zu erreichen, die Speicherproblematik einmal ausgeklammert, würde es reichen, 30 Prozent der Dachflächen mit Photovoltaikanlagen zu bedecken. Damit könnte der gesamte Stromverbrauch Deutschlands abgedeckt werden.[100] Nicht jeder Entscheidungsträger will sich jedoch aktuell dafür entscheiden, sein Dach mit Photovoltaik zu bestücken. Die Gründe sind vielfältig, von der finanziellen Investitionssumme über optische Gründe bis zur Bequemlichkeit. Einige Investitionsprojekte scheitern an bürokratischen Hürden. Photovoltaikanlagen sind ab einer gewissen Größe oft benachteiligt, da die Einspeisung ab einer gewissen Größe nicht mehr vergütet wird. Wenn jedoch anderen Investoren die Investition auf Hausdächern erleichtert würde, könnte man das Problem sehr schnell lösen. Es benötigte dafür vereinfachte Strukturen für individuelle Verträge. Außerdem müssten Versorger zur Abnahme der Stromüberschüsse verpflichtet sein.

Zudem sollte es möglich sein, gegen eine Handelsgebühr Strom auf einem Dach zu produzieren und an einer anderen Stelle zu nutzen. Diese Flexibilisierung würde Anreize setzen, Photovoltaik auf Dächern zügig auszubauen. Durch das Rückwärtsdenken kann man erkennen, dass der Ausbau nicht allein wegen zu geringer Förderung stockt, sondern an individuellen Gründen, bürokratischen Hürden und Hindernissen von Seiten des Versorgers.

THERMODYNAMIK

Bei den Gesetzmäßigkeiten der Thermodynamik geht es um den Zusammenhang der Ordnung eines Systems und der Energiezufuhr. Systeme können nur durch Energiezufuhr geordnet werden oder geordnet gehalten werden. Das erste Thermodynamikgesetz besagt, dass Energie weder kreiert noch zerstört werden kann. Energie kann nur umgewandelt werden. Die zwei Grundformen von Energie sind Wärme und Arbeit. Arbeit kann voll in Wärme umgewandelt werden. Umgekehrtes gilt nicht. Das zweite Gesetz besagt, dass Systeme zur Unordnung tendieren. Zur Ordnung benötigen sie Energiezufuhr. Das dritte Gesetz besagt, dass bei absolut 0 Grad Temperatur ein konstanter Wert an Ordnung vorliegt. Das vierte Gesetz ist eine Ableitung der ersten drei Gesetze. Es besagt, dass wenn System 1 und 2 und System 1 und 3 im thermischen Gleichgewicht sind, auch System 2 und 3 im Gleichgewicht sind. Systeme tendieren zum Gleichgewicht. Die Geschwindigkeit, mit der sich Systeme angleichen, hängt vom Grad der Aussetzung der beiden Systeme ab. Bei einer Thermoskanne entscheidet das Isolationsmaterial, wie lange es dauert, bis die Thermoskanne die Temperatur der Umgebung hat. In Sozialsystemen ist Teilen der Transfer von Energie.

Dabei gibt es drei verschiedene Austauschformen. Es gibt Strahlung, Konvektion und Leitung. Eine Kochshow strahlt Informationen über das Kochen aus. Dadurch gleicht sich das Wissen der Zuschauer dem der Fernsehköche an. Ein Meister kann Informationen durch Konvektion an seinen Lehrling weitergeben. Eine Botschaft und ihr Personal können zum Beispiel »Leiter« sein, um kulturelles Wissen über ein Land in einem anderen Land zu vermitteln. Barrieren sind generell schwer aufrechtzuhalten. Sowohl im Recht, in der

Religion, bei den sozialen Normen als auch bei Gebräuchen funktioniert das Gesetz der Thermodynamik.[101] [102] [103]

ZUSAMMENFASSUNG

Entscheidungswerkzeuge helfen, bessere Entscheidungen zu treffen, gerade bei komplexen Themen wie dem Klimawandel oder dem Verlust der Biodiversität. Der Feedbackloop hilft zu verstehen, wie sich eine Aktion auswirkt. Ein Feedbackloop kann sich selbst verstärken oder zur Balance tendieren. Die kritische Masse erklärt lokale nicht-lineare Effekte. Ist ein kritisches Limit überschritten, können Ökosysteme kippen. Die Sicherheitsmarge hilft, die Auswirkungen unerwarteter Ereignisse abzufedern. Das Denken in Wahrscheinlichkeiten hilft systematische Verzerrungen zu vermeiden. Die Bayes'sche Regel besagt, dass man Entscheidungen nicht auf Basis der neusten Daten, sondern auf Basis der Grundannahmen treffen sollte. T-Verteilungen haben deutlich stärkere Extreme als Normalverteilungen. Es ist wichtig zu untersuchen, ob Systeme von einer Zunahme der Schwankungen profitieren oder verlieren. Viele Probleme lassen sich leichter rückwärts vom Ziel aus betrachtet lösen. Thermodynamik beschreibt den Zusammenhang zwischen der Ordnung eines Systems und der Energiezufuhr. Systeme tendieren zum Gleichgewicht. Drei Ausgleichsmechanismen sind Strahlung, Leitung und Konvektion.

9.
WAS JEDER VON UNS TUN KANN
DEIN STIMMZETTEL FÜR DIE ZUKUNFT

Jeder von uns trifft täglich Entscheidungen. Mit jeder Entscheidung geben wir einen Stimmzettel für die Zukunft ab. Ich danke an dieser Stelle meinem Freund Admir für das Bild der Stimmzettel. Wir entscheiden über unsere Zukunft. Dabei können alltägliche Entscheidungen den Unterschied ausmachen.

Wir können zum Beispiel wählen, weniger Lebensmittel zu vernichten. In Deutschland werden jährlich in etwa 150 Kilogramm Lebensmittel pro Kopf weggeworfen. Oft wird über die Lebensmittel in Supermärkten geredet, die weggeworfen werden, oder Essen, das in Restaurants übrig bleibt. Ohne Zweifel ist eine Reduktion in diesem Bereich sehr wichtig. Immerhin sind die Gastronomie und der Groß- und Einzelhandel zusammen für circa 30 Kilogramm verantwortlich. Weitere 30 Kilogramm stammen aus der Weiterverarbeitung von Lebensmitteln und circa 20 Kilogramm verlieren wir bereits bei der Ernte. Der Hauptteil stammt jedoch direkt von den Haushalten. Jeder von uns wirft im Schnitt 75 Kilogramm Lebensmittel pro Jahr weg.[104] Diese Lebensmittel verbrauchen umgerechnet 350 Liter Wasser pro Tag. Dies entspricht in etwa zwei Badewannen. Zum Vergleich: Der direkte Wasserverbrauch im Haushalt beträgt eine Badewanne täglich. Das heißt, durch das Wegwerfen von Lebensmitteln wird täglich mehr Wasser verbraucht als der gesamte direkte Wasserhaushaltsverbrauch ausmacht.

Außerdem wird für die 75 Kilogramm weggeworfenen Lebensmittel eine Anbaufläche von circa 2.000 Quadratmetern pro Jahr benötigt, was in etwa einem Eishockeyspielfeld entspricht. Zudem werden circa 200 Kilogramm CO_2 ausgestoßen. Dies entspricht in etwa einer 1.000 Kilometer langen Autofahrt.

Neben der Möglichkeit, Lebensmittel zu retten, können wir auch unser Konsumverhalten anpassen. Besonders Fleischkonsum verbraucht viele Ressourcen. Tiere benötigen ein Vielfaches an Biomasse, um ein Kilogramm Fleisch anzusetzen. Die Biomasse könnte also auch direkt konsumiert werden oder effizienter umgewandelt werden. Je kleiner das Tier, desto effizienter ist es in der Regel, Biomasse in Fleisch umzuwandeln.

In Deutschland isst jeder Bundesbürger im Jahr im Schnitt 85 Kilogramm Fleisch. Schweinefleisch ist mit 50 Kilogramm für den Hauptteil verantwortlich. Danach folgt Geflügel mit 34 Kilogramm und Rind mit 15 Kilogramm. Insekten spielen noch keine bedeutende Rolle beim Fleischkonsum.[105]

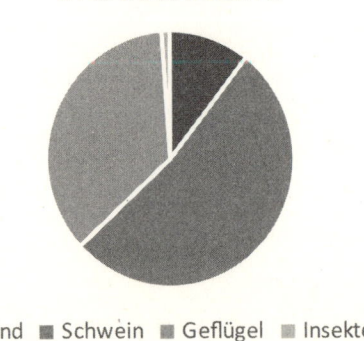

Anteiliger Fleischkonsum in Deutschland

■ Rind ■ Schwein ■ Geflügel ■ Insekten

Die drei nachfolgenden Grafiken zeigen den Wasserverbrauch, den Verbrauch von Biomasse und den CO_2-Ausstoß durch die Produktion der verschiedenen Fleischsorten verglichen mit vegetarischer Ernährung. Um ein Kilogramm Rindfleisch herzustellen, benötigt man zum Beispiel circa 15.000 Liter Wasser, 10 Kilogramm Biomasse und stößt 13 Kilogramm CO_2 aus.[106, 107, 108]

Pro Tag verbraucht jeder Deutsche im Schnitt 250 Gramm Fleisch. Damit verbrauchen wir circa 1.600 Liter Wasser oder neun Bade-

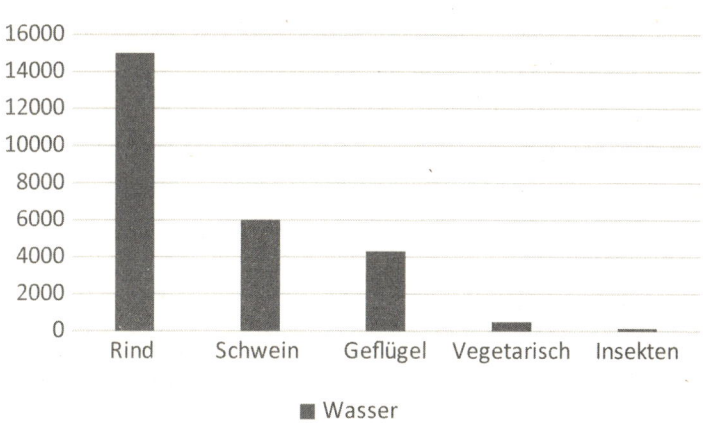

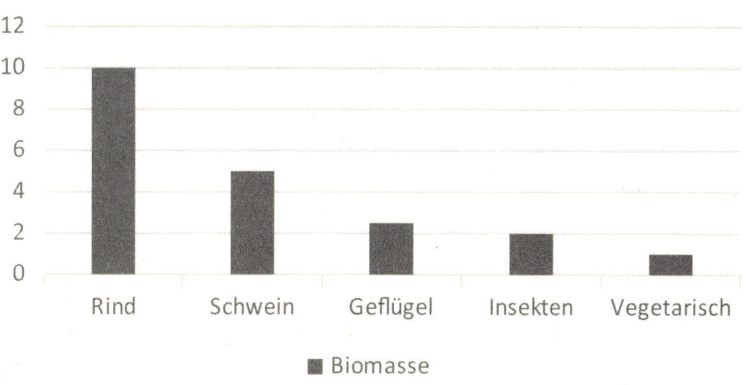

CO_2-Ausstoß in Kilogramm

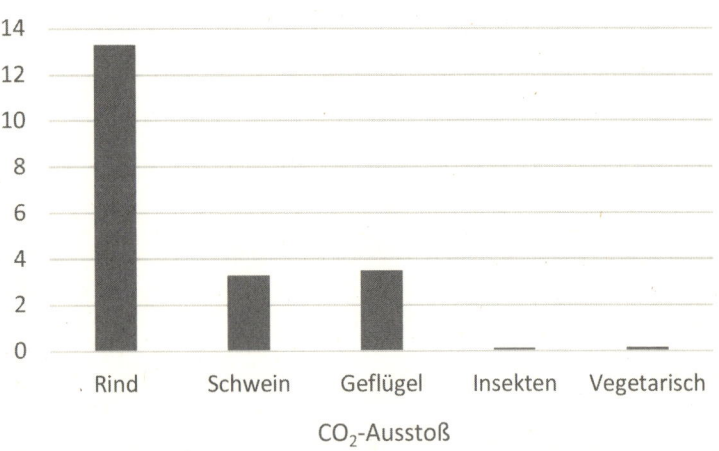

wannen voll. Wir benötigen dafür 1,2 Kilogramm Biomasse und stoßen pro Tag 1,1 Kilogramm CO_2 aus. Aber jeder von uns hat die Wahl, durch seine Entscheidung seinen eigenen Fußabdruck zu reduzieren. Der Ressourcenverbrauch ist bei jeder Tierart anders. Generell gilt: Je kleiner das Tier, desto weniger Ressourcen braucht es. Am ressourcensparendsten ist es, entweder Insekten oder vegetarische Ernährung zu konsumieren, aber bereits der Wechsel von Rindfleisch zu Hähnchenfleisch spart viele Ressourcen. In der Tabelle werden die eingesparten Ressourcen eines 1 Kilogramm Konsumwechsels dargestellt. Für die Ressourcen sind der Wasserverbrauch, die benötigte Biomasse sowie der CO_2-Ausstoß angegeben.

Wechseltabelle für 1 Kilogramm

Wechsel	Wasser (Liter)	Biomasse (kg)	CO_2 (kg)
Rind -> Schwein	9.000	5	10
Schwein -> Geflügel	1.700	2,5	0
Geflügel -> Insekt	2.800	0,5	3
Geflügel -> vegetarisch	4.150	1,5	3

Der Wechsel von einem Kilo Rindfleisch zu einem Kilo Geflügel bei einer Grillparty spart 9.000 Liter Wasser ein, 5 Kilo Biomasse und 10 Kilogramm CO_2.

Jeder Wechsel zur nächstbesseren Wahl lohnt sich. Dabei ist es egal, ob jemand viel oder wenig Fleisch isst. Was zählt, ist die Ressourceneinsparung.

Milchkonsum verbraucht ebenfalls viele Ressourcen. Jeder Europäer trinkt im Schnitt 55 Liter Milch pro Jahr.[109] Dafür werden umgerechnet 200 Badewannen voll Wasser gebraucht. Der Flächenverbrauch ist so groß wie ein Tennisplatz. Außerdem stoßen wir so viel CO_2 aus wie bei einer 900 Kilometer Autofahrt von München nach Rom. Dabei gibt es Alternativen. Eine Hafermilch verbraucht beispielsweise fast 600 Liter weniger pro einem Liter Milch. Auch der Flächenverbrauch und der CO_2-Ausstoß sind deutlich niedriger.

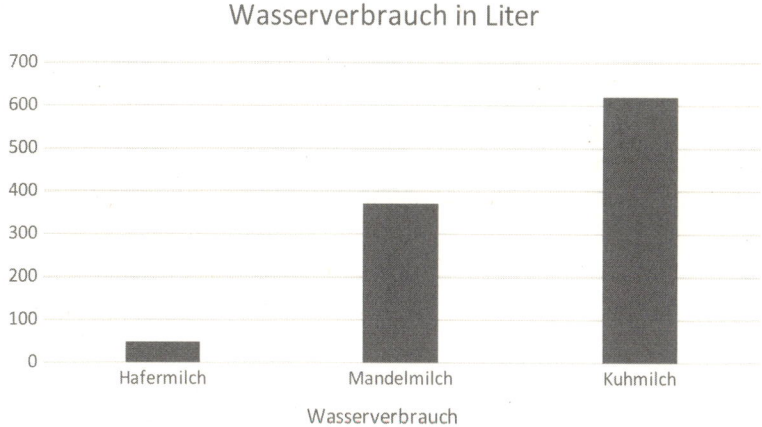

Wasserverbrauch in Liter

Flächenverbrauch in Quadratmeter

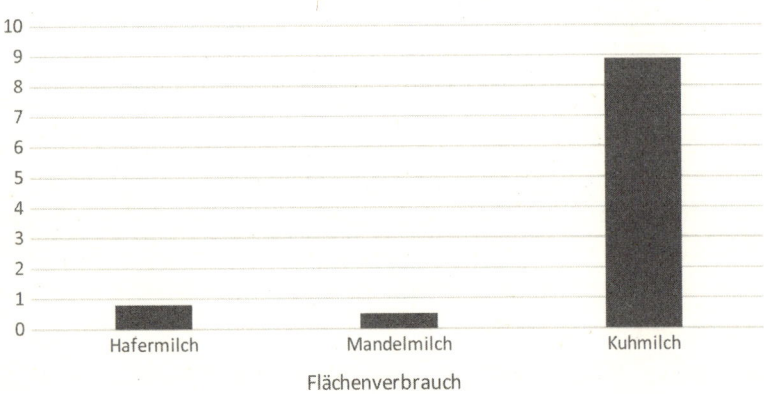

CO_2-Ausstoß in Kilogramm

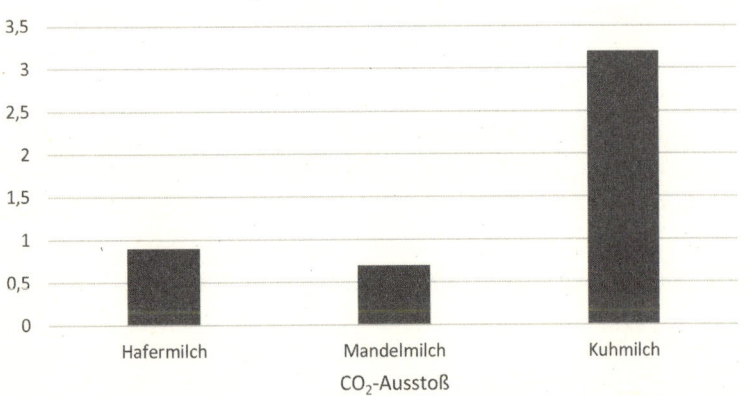

Auch der Verbrauch verschiedener Ersatzmilchprodukte kann sich deutlich unterscheiden. Mandelmilch verbraucht zwar nur halb so viel Wasser wie Kuhmilch, aber immer noch zehnmal so viel wie Hafermilch. Einer der Hauptgründe ist, dass viele Mandeln in Kalifornien angebaut werden und dort sehr viel Wasser für die Bewässerung benötigt wird. Hafermilch ist in weiten Teilen Europas regional verfügbar und unterstützt den regionalen Ackerbau.

Wenn du dich das ganze Jahr über für Hafermilch entscheidest, hat deine Wahl einen großen Einfluss. Deine Wahl kann jedes Jahr circa 190 Badewannen voll Wasser sparen. Dein Konsum benötigt 90 Prozent weniger Anbaufläche. Außerdem sparst du umgerechnet 600 Kilometer Autofahrt.

Der einzige Nachteil war in der Vergangenheit ein deutlicher Preisunterschied. Dieser Preisunterschied hat sich aber von 2021 bis 2022 aufgelöst. Die Preisdifferenz pro Liter war 2021 teilweise noch mehr als ein Euro. Im Mai 2022 ist die Preisdifferenz auf 20 Cent geschrumpft und im Juli hat sich der Kostenunterschied bereits umgekehrt auf -20 Cent. Kuhmilch kostet im Juli 2022 circa 1,20 Euro, während die Hafermilch einen Euro kostet. Damit wurden aus circa 55 Euro Mehrkosten 11 Euro Kosteneinsparung. Mittlerweile spiegelt der Preis auch wider, dass die Hafermilch günstiger in der Herstellung ist als Kuhmilch. Die Rohstoffkosten für die Milch liegen bei circa 65 Cent, wohingegen die Kosten der Hafermilch deutlich unter 20 Cent Herstellungskosten liegen.[110] Der höhere Preis der Hafermilch in der Vergangenheit war hauptsächlich dadurch bedingt, dass Konsumenten der Hafermilch bereit waren, mehr Geld auszugeben. Mittlerweile haben Supermärkte den Wandel erkannt und bieten mit ihren Eigenmarken verstärkt Hafermilch günstig an.

HAUSTIERHALTUNG

Auch die Wahl der Haustiere hat einen Einfluss. Gerade Hunde und Katzen benötigen viel Fleisch. Dieser Fleischkonsum ist nicht unerheblich. In Deutschland leben etwa 10 Millionen Hunde und etwa 17 Millionen Katzen.[111]

Ein durchschnittlicher Hund wiegt circa 20 Kilogramm und konsumiert in etwa 130 Kilogramm Fleisch im Jahr.[112] Eine Katze konsumiert circa 45 Kilogramm Fleisch.[113] Zum Vergleich: Ein Bundesbürger konsumiert etwa halb so viel Fleisch wie ein Hund und doppelt so viel Fleisch wie eine Katze.

Ein durchschnittlicher Hund verbraucht durch den Fleischkonsum circa 3.000 Liter Wasser, 2 Kilogramm Biomasse und 2,3 Kilogramm CO_2 pro Tag. Bei einer Katze sind es im Schnitt 900 Liter Wasser, 0,6 kg Biomasse und 0,8 kg CO_2. Dabei gibt es mehrere Möglichkeiten, den Ressourcenverbrauch zu reduzieren. Der Erste liegt in der Wahl der Fleischkost. Generell gilt: Je kleiner das Tier, von dem das Fleisch stammt, desto besser. Außerdem spart es Ressourcen, wenn Hund oder Katze weniger Fleisch fressen. Bei der Wahl der Haustiere ist es generell besser, weniger Hunde und Katzen zu halten und wenn, dann kleinere Tiere. Am wenigsten Ressourcen verbraucht man, wenn man keinen Hund oder Katze hält. Generell gilt: Jeder kann die nächstbeste Wahl treffen.

ENTSCHEIDUNGEN IN DER ARBEIT

Jeder hat Einfluss, die Produkte und Dienstleistungen seines Arbeitgebers nachhaltiger zu gestalten. Egal, ob du in einer kleinen oder großen Firma arbeitest, die nachhaltigeren Lösungen können skaliert werden. Viele kleine Lösungen, die skaliert werden, machen den Unterschied. Finde die nächstbessere nachhaltige Lösung in deinem Arbeitsbereich. Das kann das Büro sein, das mehr Formulare und Rechnungen digitalisiert und 1 Prozent weniger Papier verwendet. Das kann das Papier sein, das mit 1 Prozent mehr recyceltem Papier hergestellt wird oder bei dem 1 Prozent weniger Materialien verbraucht werden, um die gleiche Menge herzustellen. Das kann die Behörde sein, die Standards wie das Mindesthaltbarkeitsdatum aufweicht, sodass weniger Lebensmittel weggeworfen werden. Das kann der Routenplaner im Logistikkonzern sein, der die gefahrenen Routen um 1 Prozent durch Optimierung verkürzen kann. Um den nächsten Schritt zu gehen, hilft es, den CO_2-Ausstoß in den einzelnen Geschäftsbereichen zu bilanzieren, mit den versteckten Emissionen für das Material. Um frühzeitig in nachhaltige Lösungen zu investieren, kann man intern einen CO_2-Preis einführen. Damit werden klimafreundliche Investitionen schon früher getätigt, und man fördert die Innovationskraft des Unternehmens.

GEWOHNHEITEN

In jedem der vorgestellten Bereiche kann man mit seinen Entscheidungen die Zukunft beeinflussen. Ein wichtiges Werkzeug für die Veränderung ist es, Gewohnheiten Schritt für Schritt anzupassen. James Clear gibt dazu in seinem Buch *Atomic Habit* vier Tipps. [114] Seine Tipps lauten: gute Gewohnheiten möglichst klar zu formulieren, sie für sich persönlich attraktiv zu machen, sie möglichst einfach zu machen und mit Freude zu verbinden.

Entwickle Freude daran, neue nachhaltigere Routinen aufzubauen. Gehe den nächsten Schritt. Eine Portion Fleisch weniger zu essen oder von Rindfleisch auf Schweine- oder Geflügelfleisch umzusteigen, macht einen Unterschied. Probiere neue Sachen aus, wie die vegetarische Alternative oder Insektenfleisch, wenn es die Option gibt. Beziehe deine Haustiere, egal ob Hund oder Katze, mit ein. Probiere einen Teil der Kuhmilch durch Hafermilch zu ersetzen.

Abschließend möchte ich noch einmal betonen, dass man mit persönlichen Gewohnheiten seinen Beitrag leisten kann und etwas verändern kann. Viele große Veränderungen wie die Reform des EU-ETS-Handels können aber nur von der Politik angestoßen werden. Dies passiert aber nur, wenn die richtige Politik gewählt wird.

ZUSAMMENFASSUNG

Jede unserer Entscheidungen hat einen Einfluss auf die Zukunft. Wir treffen die Wahl. Über 50 Prozent der Lebensmittelabfälle entstehen im Haushalt. Je größer das Tier, desto größer der Ressourcenverbrauch pro Kilogramm Fleisch. Hafermilch verbraucht deutlich weniger Ressourcen als Mandelmilch oder Kuhmilch, und Hafer wird regional angebaut. Die Faustregel für das Fleisch lässt sich auch auf die Nahrung von Haustieren übertragen. Viele kleine nachhaltige Verbesserungen bei der Arbeit können eine große Wirkung haben. Die großen Veränderungen wie die Reform des EU-ETS-Handels können aber nur von der Politik kommen. Am Ende bleibt die Hoffnung.

DANKSAGUNG

Ich möchte mich bei meiner Freundin Mirijam Denz für ihre mentale Unterstützung und ihr Feedback bedanken. Vielen Dank auch an meine Familie, meine beiden großartigen Schwestern Isabel und Verena und an meine Mutter und meinen Vater, die mir dabei geholfen haben, dieses Buch umzusetzen. Herzlichen Dank an meinen Freund Miguel für die vielen Diskussionen über Klimawandel, die inspirierenden Anregungen und Verbesserungsvorschläge. Herzlichen Dank auch an meinen Freund Farras, mit dem ich mich intensiv über den Verkehrssektor und politische Themen ausgetauscht habe.

Herzlichen Dank an meinen Buchagenten Thomas Montasser, ohne den dieses Buchprojekt nicht möglich gewesen wäre. Ein großes Dankeschön an den FinanzBuch Verlag für die gute Zusammenarbeit. Vielen Dank an meine Lektorin Bettina Birk und an Georg Hodolitsch. Vielen Dank auch an Christa Bauer-Denz für die hilfreichen Vorschläge zum dritten Kapitel. Herzlichen Dank an dich, Julia, für dein Feedback bei der Umsetzung meiner Ideen in der Landwirtschaft. Herzlichen Dank, Maxi, für deine Vorschläge.

Vielen Dank an AVF, dass ich Teil dieses großartigen Projekts sein durfte. Herzlichen Dank an Christine für die Teamleitung und die großartige Zusammenarbeit sowie an Dr. Ardalan für seine Saffranexpertise und die vielen Lebensweisheiten, die du mit mir geteilt hast. Herzlichen Dank an Dr. Joel, Hanne, Laura, Laura, Marc, Petr, Ramin, Thea, Thomas und Yasmeen. Seht es mir nach, wenn ich jemanden von euch vergessen habe.

Kontakt: jonas.beer@robertbeer.com
Website und Neuigkeiten zum Buch:
https://jonascbeer.de/

ANMERKUNGEN

1   Butfield, C., Hughes, J. & Pearce, F. (2021). *Earthshot: How to Save Our Planet* (1. Aufl.). John Murray Publishers Ltd.
2   Gates, B. (2021). *How to Avoid a Climate Disaster: The Solutions We Have and the Breakthroughs We Need* (1. Aufl.). Allen Lane.
3   Ritchie, H. & Rosner, M. (2020a, Mai 11). Atmospheric concentrations. Our World in Data. https://ourworldindata.org/atmospheric-concentrations#:%7E:text=The%20large%20growth%20in%20global,until%20the%2018th%20centur
4   Gates, B. (2021). *How to Avoid a Climate Disaster: The Solutions We Have and the Breakthroughs We Need* (Internationale Aufl.). Alfred A. Knopf.
5   Quelle von Abbildung 2: National Aeronautics and Space Administration (NASA), Goddard Institute for Space Studies (GISS), Ritchie, H. & Rosner, M. (2022). Climate Change Impacts Data Explorer. Our World in Data. https://ourworldindata.org/explorers/climate-change?facet=none&country=%7EOWID_WRL&Metric=Temperature+anomaly&Long-run+series%3F=false
6   Ritchie, H. & Rosner, M. (2020c, Mai 11). CO_2 emissions. Our World in Data. https://ourworldindata.org/co2-emissions
7   Ritchie, H. & Rosner, M. (2020a, Mai 11). Atmospheric concentrations. Our World in Data. https://ourworldindata.org/atmospheric-concentrations#:%7E:text=The%20large%20growth%20in%20global,until%20the%2018th%20century
8   Ritchie, H. & Rosner, M. (2020, 11. Mai). CO_2 emissions. Our World in Data. https://ourworldindata.org/co2-emissions
9   Treibhausgas-Emissionen in der Europäischen Union. (2021, 13. September). Umweltbundesamt. https://www.umweltbundesamt.de/daten/klima/treibhausgas-emissionen-in-der-europaeischen-union#hauptverursacher
10 Sargl, M., Wiegand, D., Doerenbruch, K., Wittmann, G. & Wolfsteiner, A. (2021, 17. August). Berechnung Paris-kompatibler Emissionspfade mit dem ESPM am Beispiel der EU. Zenodo. https://zenodo.org/record/5211108#.YiCPfujMLD6
11 Darwin, C. (2004). *On Natural Selection: From so simple a beginning endless forms most beautiful and most wonderful have been, and are being, evolved* (Penguin Great Ideas) (1. Aufl.). Penguin.
12 https://www.zeit.de/zustimmung?url=https%3A%2F%2Fwww.zeit.de%2Fangebote%2Fforschungskosmos%2Fzukunftsfragen-der-forschung%2Fsaxony-5%2Fsequenzierung-von-pollen%2Findex
13 Säugetiere, Vögel, Fische, Reptilien und Amphibien sind Wirbeltiere.
14 Ritchie, H. & Rosner, M. (2021, 15. April). Living Planet Index. Our World in Data. https://ourworldindata.org/living-planet-index
15 Quelle von Abbildung 6: Ritchie, H. & Rosner, M. (2021, 15. April). Living Planet Index. Our World in Data. https://ourworldindata.org/living-planet-index
16 Ritchie, H. & Rosner, M. (2021, 15. April). Living Planet Index. Our World in Data. https://ourworldindata.org/living-planet-index
17 Quelle von Abbildung 7: Ritchie, H. & Rosner, M. (2021b, 15. April). Living Planet Index. Our World in Data. https://ourworldindata.org/living-planet-index#freshwater-species-have-been-greatly-affected
18 IUCN: Wie die Rote Liste funktioniert. (2021, 6. November). wwf. https://www.wwf.de/themen-projekte/biodiversitaet/rote-liste-gefaehrdeter-arten/iucn-wie-die-rote-liste-funktioniert
19 Quelle von Abbildung 8: Ritchie, H. & Rosner, M. (2021a, 15. April). Extinctions. Our World in Data. https://ourworldindata.org/extinctions
20 Humphreys, A. M., Govaerts, R., Ficinski, S. Z., Nic Lughadha, E. & Vorontsova, M. S. (2019). Global dataset shows geography and life form predict modern plant extinction and rediscovery. Nature Ecology & Evolution, 3(7), 1043–1047. https://doi.org/10.1038/s41559-019-0906-2

21 Quelle von Abbildung 9: Ritchie, H. & Rosner, M. (2021b, 15. April). Extinctions. Our World in Data. https://ourworldindata.org/extinctions
22 Quelle von Abbildung 10: Ritchie, H. & Rosner, M. (2021b, 15. April). Extinctions. Our World in Data. https://ourworldindata.org/extinctions
23 Glaubrecht, M. (2019). *Das Ende der Evolution: Der Mensch und die Vernichtung der Arten* (Originalausgabe). C. Bertelsmann Verlag.
24 T. (2020, 1. Dezember). HIPPO- The Greatest Threat to Biodiversity. The Land Between. Ca. https://www.thelandbetween.ca/2020/12/hippo-the-greatest-threat-to-biodiversity/
25 Glaubrecht, M. (2019). *Das Ende der Evolution: Der Mensch und die Vernichtung der Arten* (Originalausgabe). C. Bertelsmann Verlag.
26 Harari, Y. N. (2015). Sapiens: A Brief History of Humankind (1. Aufl.). Vintage.
27 IPCC – Intergovernmental Panel on Climate Change. (2020). IPCC. https://web.archive.org/web/20170118213534/http://www.ipcc.ch/organization/organization_history.shtml
28 About. (o.D). IPBES Secretariat. https://ipbes.net/about
29 Calließ, S. (2022, 9. Mai). Wasserverbrauch pro Person – wie hoch ist er bei Ihnen? Wasserverbrauch pro Person: Ist Ihrer zu hoch? | thermondo. https://www.thermondo.de/info/rat/vergleich/wasserverbrauch-pro-person/#:%7E:text=Bei%20einem%20durch-schnittlichen%20Wasserverbrauch%20pro,sind%20knapp%2090%20Kubikmeter%20Trinkwasser
30 Töpfer, K. (2021, 23. April). Globale Zahlen zum Waldverlust 2020. Oro Verde. https://www.regenwald-schuetzen.org/ueber-uns/erfolge-und-news/regenwald-retten/detail/globale-zahlen-zum-waldverlust-2020#:%7E:text=Die%20Analyse%20der%20Daten%20zum,Niederlande%2C%20auf%20feuchte%20tropische%20Prim%C3%A4rw%C3%A4lder
31 Redaktion: BMBF LS5 Internetredaktion. (2020, 23. Januar). Globales IPBES-Assessment zu Biodiversität und Ökosystemleistungen – IPBES Kampagne. DLR – IPBES Kampagne. https://www.de-ipbes.de/de/Globales-IPBES-Assessment-zu-Biodiversitat-und-Okosystemleistungen-1934.html
32 http://ecoevo.wdfiles.com/local--files/start/Hardin1968.pdf
33 Pigou, A. (2013). *Wie kann man die Wirtschaft dazu bewegen, Emissionen in der Praxis zu reduzieren* (2013). Palgrave Macmillan
34 Coase, R. H. (2013). The Problem of Social Cost. *The Journal of Law and Economics*
35 Transaktionskosten sind die Kosten, die bei einem Handel zwischen Käufer und Verkäufer entstehen.
36 Grenzkosten sind die Kosten, die entstehen, wenn eine weitere Einheit eines Produkts oder Dienstleistung hergestellt werden.
37 Kyoto-Protokoll. (2013, 25. Juli). Umweltbundesamt. https://www.umweltbundesamt.de/themen/klima-energie/internationale-eu-klimapolitik/kyoto-protokoll#entstehungsgeschichte-und-erste-verpflichtungsperiode
38 Convery, F. J. (2009). Origins and Development of the EU ETS. *Environmental and Resource Economics*, 43(3), S. 391–412. https://doi.org/10.1007/s10640-009-9275-7
39 Treibhausgasemissionen nach Ländern und Sektoren (Infografik) | Aktuelles | Europäisches Parlament. (2021, 29. Oktober). Europäisches Parlament. https://www.europarl.europa.eu/news/de/headlines/society/20180301STO98928/treibhausgasemissionen-nach-landern-und-sektoren-infografik
40 Emissions cap and allowances. (2021). Climate Action. https://ec.europa.eu/clima/eu-action/eu-emissions-trading-system-eu-ets/emissions-cap-and-allowances_en
41 Kellermann, C. (2021b, 10. September). »Fit for 55«: Die neuen Klimaziele der EU und das EU ETS, Teil II. Energy BrainBlog. https://blog.energybrainpool.com/fit-for-55-die-neuen-klimaziele-der-eu-und-das-eu-ets-teil-ii/
42 Quelle von Abbildung 11: Umweltbundesamt 2021, Deutsche Emissionshandelsstelle, eigene Berechnungen auf Basis von Daten der Europäischen Umweltagentur und der Europäischen Kommission (2013/448/EU); Stand 08.07.2021
    Der Europäische Emissionshandel. (2021, 12. Juli). Umweltbundesamt. https://www.umweltbundesamt.de/daten/klima/der-europaeische-emissionshandel#vergleich-von-emissionen-und-emissionsobergrenzen-cap-im-eu-ets
43 Emissions cap and allowances. (2021). Climate Action. https://ec.europa.eu/clima/eu-action/eu-emissions-trading-system-eu-ets/emissions-cap-and-allowances_en
44 Emissions cap and allowances. (2021). Climate Action. https://ec.europa.eu/clima/eu-action/eu-emissions-trading-system-eu-ets/emissions-cap-and-allowances_en

45 Quelle von Abbildung 12: TRADING ECONOMICS. (2022). EU Carbon Permits-2022 Data – 2005–2021 Historical – 2023 Forecast – Price – Quote

46 »Fit for 55« – Teil 6: Der Vorschlag zur Reform der Marktstabilitätsreserve. (2021, 9. September). Becker Büttner Held. https://www.bbh-blog.de/alle-themen/emissionshandel/fit-for-55-teil-6-der-vorschlag-zur-reform-der-marktstabilitaetsreserve/

47 https://www.dehst.de/DE/Europaeischer-Emissionshandel/EU-Emissionshandel-verstehen/Weiterentwicklung/Ueberschuesse-MSR/ueberschuesse-msr_node.html;jsessionid=97EB740D236EBFD24A996EDB200655B3.2_cid331#doc10239342

48 Quelle von Abbildung 13 und 14: https://www.bmu.de/fileadmin/Daten_BMU/Download_PDF/Emissionshandel/eu-emissionshandel_reform_bf.pdf

49 Flugreisen. (2019, 9. April). Umweltbundesamt. https://www.umweltbundesamt.de/umwelttipps-fuer-den-alltag/mobilitaet/flugreisen#hintergrund

50 https://www.klimaschutz-portal.aero/co2-kompensieren/corsia/

51 https://www.dehst.de/DE/Europaeischer-Emissionshandel/Reform-Perspektiven/Anwendungsbereich/ausweitung-des-anwendungsbereichs_node.html

52 Kellermann, C. (2021c, 10. September). »Fit for 55«: Die neuen Klimaziele der EU und das EU ETS, Teil II. Energy BrainBlog. https://blog.energybrainpool.com/fit-for-55-die-neuen-klimaziele-der-eu-und-das-eu-ets-teil-ii/

53 Convery, F. J. (2009). Origins and Development of the EU ETS. *Environmental and Resource Economics*, Jg. 43, Ausgabe 3, S. 391–412. https://doi.org/10.1007/s10640-009-9275-7

54 DEHSt – Zertifikatstypen. (2021). DEHSt. https://www.dehst.de/DE/Europaeischer-Emissionshandel/Unionsregister/Zertifikatstypen/zertifikatstypen_node.html

55 Europäische Geldpolitik | Kurzdarstellungen zur Europäischen Union | Europäisches Parlament. (2021, 1. Oktober). Europäisches Parlament. https://www.europarl.europa.eu/factsheets/de/sheet/86/europaische-geldpolitik

56 Europäische Geldpolitik | Kurzdarstellungen zur Europäischen Union | Europäisches Parlament. (2021, 1. Oktober). Europäisches Parlament. https://www.europarl.europa.eu/factsheets/de/sheet/86/europaische-geldpolitik

57 Europäische Geldpolitik | Kurzdarstellungen zur Europäischen Union | Europäisches Parlament. (2021, 1. Oktober). Europäisches Parlament. https://www.europarl.europa.eu/factsheets/de/sheet/86/europaische-geldpolitik

58 Reinstädtler, G. (2018, 15. November). Definition: Direktorium der EZB. Gabler Banklexikon. https://www.gabler-banklexikon.de/definition/direktorium-der-ezb-57078

59 Europäische Geldpolitik | Kurzdarstellungen zur Europäischen Union | Europäisches Parlament. (2021, 1. Oktober). Europäisches Parlament. https://www.europarl.europa.eu/factsheets/de/sheet/86/europaische-geldpolitik

60 Das EBIT ist der Gewinn eines Unternehmens vor Zinszahlungen und Steuern.

61 Login – DVZ. (2021, 30. März). DVZ. https://www.dvz.de/login.html?redirect_url=/rubriken/land/schiene/detail/news/db-schenker-macht-hohen-gewinn-db-cargo-hohen-verlust.html

62 Annual Report. (2022). www.berkshirehathaway. https://www.berkshirehathaway.com/2021ar/2021ar.pdf

63 Login – DVZ. (2021, 30. März). DVZ. https://www.dvz.de/login.html?redirect_url=/rubriken/land/schiene/detail/news/db-schenker-macht-hohen-gewinn-db-cargo-hohen-verlust.html

64 Willkommen | VTG AG. (2022). VTG. https://www.vtg.de/#:%7E:text=VTG%20ist%20der%20gr%C3%B6%C3%9Fte%20europ%C3%A4ische,Schienenlogistiker%20mit%20Sitz%20in%20Hamburg.&text=WAGGONVERMIETUNG%3A,in%20Deutschland%2C%20Europa%20und%20Russland

65 https://www.vtg.de/fileadmin/VTG/Dokumente/Investor_Relations/Berichte/Bestaendig_im_Wandel_-_VTG-Jahresrueckblick_2020.pdf

66 Mitarbeitendenzahl und -struktur | Deutsche Bahn Integrierter Bericht 2020. (2020). Deutsche Bahn IB 2020. https://ibir.deutschebahn.com/2020/de/anhang-zur-nachhaltigkeit/soziales/mitarbeiterzahl-und-struktur

67 https://www.destatis.de/DE/Themen/Branchen-Unternehmen/Transport-Verkehr/Gueterverkehr/_inhalt.html

68 Volllaststunden ist ein Maß für die Auslastung des Kraftwerks. Um eine Volllaststunde zu erreichen, muss ein Kraftwerk eine Stunde lang bei voller Kapazität Strom erzeugen.

ANMERKUNGEN

ANMERKUNGEN

69 Feed-in Tariffs (FIT) – energypedia. (o. D.). Energiepedia.Info. https://energypedia.info/wiki/Feed-in_Tariffs_(FIT)

70 Papke, A. (2018, 11. September). Vorbild Dänemark? – Finanzielle Teilhabe von Anwohnern an Wind- und Solarparks. Stiftung Energie und Klimaschutz. https://www.energie-klimaschutz.de/vorbild-daenemark-finanzielle-teilhabe-von-anwohnern-an-wind-und-solarparks/

71 https://www.irena.org/-/media/Files/IRENA/Agency/Publication/2013/GWEC/GWEC_Denmark.pdf?la=en&hash=C14BEEC4FFEEBA20B2B1928582AA23931F092F48

72 Renewables 2020 Data Explorer – Analysis. (o. D.). IEA. https://www.iea.org/articles/renewables-2020-data-explorer?mode=market&ion=Denmark&product=Wind+by+segment

73 Ag, N. (o. D.). Dänemark: Künstliche Energieinsel als Knotenpunkt für Offshore-Windstrom. energiezukunft.eu. https://www.energiezukunft.eu/erneuerbare-energien/wind/kuenstliche-energieinsel-als-knotenpunkt-fuer-offshore-windstrom/

74 https://ens.dk/sites/ens.dk/files/Globalcooperation/system_integration_of_wp.pdf

75 BVG Associates für WindEurope. Unleashing Europe's offshore wind potential. Juni 2017.

76 https://www.deutschlandfunk.de/entdeckung-vor-200-jahren-hans-christian-oersted-und-der-100.html.

77 Das nachhaltigste Energieunternehmen der Welt – drei Jahre in Folge. (o. D.). orsted.de. https://orsted.de/nachhaltigkeit/rankings-und-reports/nachhaltigstes-energieunternehmen

78 Unsere Geschichte. (o. D.). orsted.de. https://orsted.de/ueber-uns/geschichte

79 https://orstedcdn.azureedge.net/-/media/annual2020/annual-report-2020.ashx?la=en&rev=982c3382c2f0459486e16c7098dd5b57&hash=FEFF679F22C92424B-B37037436E9C84A

80 Our History. (o. D.). Vestas.Com. https://www.vestas.com/en/about/this-is-vestas/history

81 https://de-academic.com/dic.nsf/dewiki/1461029

82 https://data.footprintnetwork.org/?_ga=2.46978340.2034191742.1655724805-563550868.1655724805#/countryTrends?cn=5001&type=earth

83 https://www.europarl.europa.eu/news/de/headlines/society/20170505STO73528/lebensmittelverschwendung-in-der-eu-infografik#:~:text=Sch%C3%A4tzungen%20zufolge%20werden%20in%20der,von%20173%20Kilogramm%20pro%20Person

84 https://toogoodtogo.de/de/

85 Wie funktioniert Aquaponics? (o. D.). ewb-karlsruhe.de. https://ewb-karlsruhe.de/lankaponics/technische-details/wie-funktioniert-aquaponics/#:%7E:text=Aquaponics%20ist%20ein%20Verfahren%2C%20das,und%20%C3%B6kologische%20Landwirtschaft%20zu%20betreiben

86 Polsfuss, L. (2021, 18. Juni). Hydroponic – Hydroponics: Bedeutung + 5 einfache Schritte für Anfänger! Pflanzenfabrik. https://www.pflanzenfabrik.de/hydroponic-hydroponics/

87 Polsfuss, L. (2022a, 15. März). Aeroponik: Eine Einführung. Pflanzenfabrik. https://www.pflanzenfabrik.de/aeroponik-einfuehrung/

88 Nelson, L. (2021, 21. Dezember). AVF Lab and Indoor Saffron – Growing Speciality Products with Vertical Farming Technology. Association for Vertical Farming. https://vertical-farming.net/blog/2021/12/21/avf-lab-and-indoor-saffron-growing-speciality-products-with-vertical-farming-technology/

89 Vegan, V. G. T. I. (2021, 5. August). In-vitro-Fleisch – Die tierfreundlichere Alternative? Veganaste. https://veganaste.de/in-vitro-fleisch-die-tierfreundlichere-alternative/

90 Lab to table: Israeli tech kitchens cook up future of animal-free food. (2021, November). The Times of Israel. https://www.timesofisrael.com/lab-to-table-israeli-startups-tout-future-of-animal-free-food/

91 Future Meat Technologies. (2022, 7. März). Future Meat | Bringing Cultivated Meat to the Table. Future Meat. https://future-meat.com/

92 (2022, 30. Mai). GOOD Meat kooperiert mit ABEC für den Bau einer groß angelegten Anlage für kultiviertes Fleisch – vegconomist: Das vegane Wirtschaftsmagazin. vegconomist. https://vegconomist.de/clean-meat-zellkultur-biotechnologie/good-meat-abec-bioreaktoren/

93 L., M. (2021, 27. Dezember). Klimafreundliche Alternative: Kommt der Kaffee bald aus dem Bioreaktor? Trends der Zukunft. https://www.trendsderzukunft.de/klimafreundliche-alternative-kommt-der-kaffee-bald-aus-dem-bioreaktor/

94   Rischer, H. (2021, 15. September). Sustainable coffee grown in Finland – the land that drinks the most coffee per capita produces its first tasty cup with cellular agriculture. VTT. https://www.vttresearch.com/en/news-and-ideas/sustainable-coffee-grown-fin-land-land-drinks-most-coffee-capita-produces-its-first

95   Ein Restriktionsenzym kann DNA an einer bestimmten Stelle schneiden.

96   Maugh, T. H., II. (2014, 29. September). Dr. Jean Dausset dies at 92; scientist's disco-very made tissue typing for transplants possible. Los Angeles Times. https://www.lati-mes.com/nation/la-me-jean-dausset27-2009jun27-story.html

97   Delves, P. J. (2022, 5. Mai). Humanes Leukozyten-Antigen-System (HLA). MSD Manual Profi-Ausgabe. https://www.msdmanuals.com/de-de/profi/immunologie,-allergi-en/biologie-des-immunsystems/humanes-leukozyten-antigen-system

98   McElheny, V. K. (2012). Drawing the Map of Life: Inside the Human Genome Project (A Merloyd Lawrence Book) (Reprint). Basic Books.

99   NHGRI. (2019, 13. März). DNA Sequencing Costs: Data. Genome.Gov. https://www.ge-nome.gov/about-genomics/fact-sheets/DNA-Sequencing-Costs-Data

100   Auf jedem Dach eine Solaranlage: Wäre Deutschland damit unabhängig? (2021). efahrer.chip.de. https://efahrer.chip.de/news/auf-jedem-dach-eine-solaranlage-wae-re-deutschland-damit-unabhaengig_105074

101   Beaubien, R. & Parrish, S. (2020). The Great Mental Models: General Thinking Con-cepts [E-Book]. Latticework Publishing Inc.

102   Beaubien, R. & Parrish, S. (2020). The Great Mental Models Volume 2: Physics, Chemis-try and Biology [E-Book]. Latticework Publishing Inc.

103   Beaubien, R. & Leizrowice, R. (2021). The Great Mental Models: Systems and Mathe-matics (3). Latticework Publishing Inc.

104   Von der Welt auf den Teller. Kurzstudie zur globalen Umweltinanspruchnahme unseres Lebensmittelkonsums. Kurzstudie_nahrung_barr. (2019, 1. Oktober). Umwelt-bundesamt.de. https://www.umweltbundesamt.de/sites/default/files/medien/5750/pu-blikationen/uba_210121_kurzstudie_nahrung_barr.pdf

105   Statista. (2022, 31. März). Fleischkonsum in Deutschland pro Kopf bis 2021. https://de.statista.com/statistik/daten/studie/36573/umfrage/pro-kopf-verbrauch-von-fleisch-in-deutschland-seit-2000/#:%7E:text=Im%20Jahr%202020%20summierte%20 sich,auf%20etwa%2084%2C5%20Kilogramm

106   Wasserfußabdruck von Fleisch. (2022b, 10. März). Weltfriedensdienst. https://wfd.de/thema/fleisch-milch#:%7E:text=Das%20Nutztier%20%E2%80%93%20Ein%20Wasser-fresser,kg%20Gefl%C3%BCgelfleisch%204.325%20Liter%20Wasser

107   Fleischlose Burger im Test: Wie gesund und klimafreundlich sind Veggie-Burger wirklich? (2019, 7. Oktober). Tagesspiegel. https://www.tagesspiegel.de/wirtschaft/fleischlose-burger-im-test-wie-gesund-und-klimafreundlich-sind-veggie-burger-wirk-lich/25091038.html#:%7E:text=In%20Sachen%20Wasserverbrauch%20und%20Abhol-zung,Kilo%20Gem%C3%BCse%20dagegen%20500%20Liter

108   Janson, M. (2020, 22. Januar). So klimaschädlich sind Rind, Geflügel und Schwein. Statista Infografiken. https://de.statista.com/infografik/20578/treibhausgasemissio-nen-bei-der-konventionellen-fleischproduktion/

109   Statista. (2022a, 29. März). Pro-Kopf-Konsum von Milchprodukten in der EU nach Län-dern 2019. https://de.statista.com/statistik/daten/studie/453718/umfrage/pro-kopf-konsum-von-milchprodukten-in-der-eu-nach-laendern/

110   Praxis, L. (2020, 5. Mai). Preise – Milch und einige Milchprodukte werden teu-rer. Lebensmittelpraxis.de. https://lebensmittelpraxis.de/handel-aktuell/27244-prei-se-milch-und-einige-milchprodukte-werden-teurer-2020-05-05-08-43-15.html

111   Anzahl der Heimtiere in Deutschland. (2021). Industrieverband Heimtierbedarf. ht-tps://www.ivh-online.de/der-verband/daten-fakten/anzahl-der-heimtiere-in-deutsch-land.html#:%7E:text=Die%20Deutschen%20lieben%20das%20Leben,Zierv%C3%B-6gel%20in%20Haushalten%20in%20Deutschland

112   Sohn, B. R. (2019, 25. August). Ein Statement zur Debatte über Fleisch und Massen-tierhaltung in Deutschland. Bubeck Onlineshop. https://www.bubeck-petfood.de/ratge-ber-blog/ein-statement-zur-debatte-ueber-fleisch-und-massentierhaltung-in-deutschland

113   Reußzehn, F. (2022, 11. Februar). Erste Schritte zum Barfen bei der Katze. Natura-vetal.de. https://www.naturavetal.de/wie-geht-barfen-bei-der-katze/

114   Clear, J. & Tschöpe, A. (2020). Die 1%-Methode – Minimale Veränderung, maximale Wirkung: Mit kleinen Gewohnheiten jedes Ziel erreichen – Mit Micro Habits zum Er-folg (Deutsche Erstausgabe). Goldmann Verlag.